人間の安全保障

アマルティア・セン
Amartya Sen

a pilot of wisdom

目次

本文中の（　）［　］の用い方は著者及び原著に準じ、〔　〕内は訳者及び編集部によるものです。参考文献などはエッセイごとに番号を付し巻末にまとめました。

【編集部】

安全が脅かされる時代に

教育に関する英連邦諸国の会議で、お話しできる機会にめぐまれましたのは、私にとりましてたいへんな名誉であります。自分と縁の深いエディンバラが、この重要な集まりの開催地に選ばれたことも喜ばしいかぎりです。

私は当地の二つの大学、エディンバラ大学とヘリオット＝ワット大学の同窓で――と申しましても、名誉学位を授かっただけですが――それでも、ここの学生であったような親近感を覚えます。エディンバラ王立協会の会員でもありますし、ほかにもこの大切な都市といろいろかかわっています。私は、学界の遊牧民のような立場で当地の一員になっているのです。

エディンバラは、万人への教育を最も早くから提唱した偉大な人物、アダム・スミス〔古典派経済学の創始者〕とデイヴィッド・ヒューム〔哲学者・歴史家〕ゆかりの地です。教育の「格差を縮める」この会議の開催地にここほどふさわしい場所はどこにもありません。

というわけでありまして、美しいエディンバラとこのすばらしい知識人の集まりへ、みなさん、ようこそ！

なぜ、基礎教育が重要なのか

教育の格差を縮めることは、なぜそれほど重要なのでしょうか？　教育へのアクセス、包括的教育〔障害児を分け隔てない教育〕、教育到達度に見られる膨大な差異はなぜ取り除く必要があるのでしょうか？

理由はいろいろありますが、一つには、世の中をより安全で、より公平な場所にするために、こうしたことが重要だからです。H・G・ウェルズ〔作家・社会学者〕が『世界文化史大系』(1)のなかで「人類の歴史では、教育と破滅のどちらが先になるのか、ますます競争になる」と言ったのは、誇張ではありませんでした。世界の多数の人びとを教育の軌道外におきざりにしつづければ、私たちは、世界をさらに不公平で、さらに危険な場所に変えることになります。

H・G・ウェルズの時代である二〇世紀初頭にも、世界はすでに不安定な状況でしたが、現在はいっそう危うくなっています。実際、二〇〇一年九月一一日のあの恐ろしい事件――およびその後に起こったこと――以来、世界の人びとは身の危険をひしひしと感じるようになりました。しかし、人間の安全を脅かすものはさまざまにあり、テロや暴力によるものばかりではありません。それどころか、二〇〇一年九月一一日の当日ですら、ニューヨークで起きた残虐行為を含めた身体的な暴力以上に、エイズによってより多くの人が死んでいたのです。人間の安全はさまざまな方法で脅かされており、身体的な暴力はそうしたものの一つにすぎません。

テロや大量虐殺と戦うことは大切ですが（これから述べるように、この点でも教育は大きな役割をはたすことができます）、私たちは人間の安全を脅かすものが暴力だけでなく、さまざまなかたちで現われることにも気づかなければなりません。

幸い、基礎教育を普及させ、その効力を拡大すれば、人間の安全を脅かすほとんどの危険にたいして、おおむね強力な予防効果を発揮することができます。教育に関する矛盾点や怠慢をなくせば、世界各地で人間の安全を脅かしているものを減らせるということについて、少し考えてみるのも悪くないでしょう。

最も基本的な問題は、識字力や計算能力がないこと自体が一種の不安であるという、根本的な事実とかかわっています。読み書きや計算、あるいは意思伝達ができないことは、とてつもない困窮状態です。不安な状況の最たるものは、生きるのに必要なものが確実に欠乏しているのに、その運命を回避する機会がないことです。学校教育を充実させることが何よりも直接的に役立つのは、こうした根本的な欠乏状態をじかに改善できるからなのです。きわめて不安定なこの状況が、世界の人口の大部分を占める人びと、なかでも英連邦諸国の人びとの暮らしをいまもむしばみつづけています。

基礎教育が人間の暮らしにもたらす影響力は容易に見てとることができます。また教育の恩恵は、どんな貧しい家庭にももたらされます。私も個人的にすばらしい体験をしました。とても貧しく困窮した家庭でも、教育の重要性が確かに理解されている現実を目の当たりにすることができたのです。現在、私たちがインドで実施している初等教育に関する研究がそれを明らかにしてくれました。

ノーベル賞でいただいた賞金を使って、一九九八年にインドとバングラデシュに基礎教育と社会的な男女平等の達成を目的とした「プラティチ財団」を設立したのです。研究の結果がでるにつれ、ひどい貧困にあえいでいる家庭でも、親がどれだけ子供に基礎教育を与えたがっているかがはっきりとわかってきました。親自身が苦しんだとてつもないハンディキャップを、子供には味わわせずに育てたいからです。

むしろ、しばしば言われることとは逆に、身近な場所に手の届く範囲で、実益のともなう教育を安全に受けられる機会があれば、親は基本的には子供を――男の子だけでなく女の子も――学校に通わせたいと思っていることがわかりました。もちろん、親たちの夢を実現させるうえでは、多くの障害があります。家の経済状態しだいでは、子供を学校に通わせることは、得して非常に困難になりますし、授業料を払わなければならない場合はなおさらです。

学費に関する障害は、英連邦諸国だけではなく世界中から、完全になくさなければなりません。市場システムを擁護する人が、学校の授業料の負担を市場の力に任せたがっていることは、もちろん私も知っています。しかし、社会には、すべての子供に学校教育の基本的な機会を与える義務があることを考えれば、そのような考えは間違っているとしか言いようがありません。実際、二三〇年ほど前にここからほど遠くないカーコーディで、アダム・スミスが市場メカニズムの力とその範囲について古典的な分析をしたとき、彼は教育の問題をなぜ市場に任せるべきではないかを適切に表現しています。

社会はごくわずかな費用で、ほぼすべての国民にたいして、教育の最も基本的な部分を身につける必要性を促進し、奨励しうるだけでなく、義務として負わせることすらできる。(2)

障害はほかにもあります。学校に教職員がわずかしかいない（開発途上国の小学校の多くは、先生が一人しかいません）こともあり、そうなると親はよく、女の子の場合は特に、子供たちの身の安全を心配します（教師が登校できない場合はなおさらで、こうした事態は、貧しい国ではかなり頻繁に起こるようです）。親が学校に行かせたがらないのは、大体が理由あってのことなのです。これらの問題にも対処する必要があります。

学校教育がはたす役割

乗り越えなければならない壁はほかにもあります。ごく貧しい家庭は、家族全員の労働に頼っていることが多く、子供も例外ではありません。これは学校教育に支障をきたすかもしれません。生活が苦しいため、やむをえずそうなった残念な習慣です。このような事態もまた、規則をもうけるなり、学校教育はすべての人に経済的な恩恵があることを周知させて、なくさなければなりません。

次に、人間を脅かす不安の克服のために、学校教育に何ができるのかを考えていきましょう。基礎教育は人びとが仕事を手に入れ、実入りのよい勤め口を見つけるために、きわめて重要なものとなります。こうした経済的な関係は、これまでもつねに存在していましたが、グローバル化が急速に進む世界では、とりわけ重要です。そこでは品質管理と厳密な仕様に沿った生産が欠かせないものとなるからです。

当然のことながら、グローバルな商取引の機会をうまく利用して貧困をなくしてきたケースは、いずれも広い基盤のうえにある基礎教育に支えられたものでした。たとえば、日本は一九世紀の半ばにすでに、この改革の必要性をしっかり見抜いていました。明治維新（一八六八年）から間もない一八七二年に、教育の基本制度である学制が公布され「邑《ゆう》〔地域〕に不学の戸《こ》〔家〕なく、家に不学の人なからしめんことを期す」[3]と、社会の責任が明示されました。こうして、教育の格差が縮まり、急速な経済成長をとげる日本の目覚しい歴史が始まったのです。一九一〇年には、日本の少なくとも若い世代のほとんどが、読み書きができるようになっています。一九一三年になると、イギリスやアメリカとくらべれば、まだかなり貧しかったものの、日本は本の出版点数でイギリスに勝《まさ》り、アメリカの二倍になりました。教育に専念したことが、日本の経済と社会の発展そのものとその速度を、大いに決定づけたのです。

後年、特に二〇世紀後半になると、韓国、中国、台湾、香港、シンガポールなどの東アジアの地域が同じ道をたどり、教育の全般的な普及にしっかりと重点をおきました。読み書きが不自由なため、仕様書の指示どおりに生産し品質管理を徹底できなければ、グローバル経済への本格的な参加は非常に難しかったでしょう。

読み書きができない場合、人は自らの法的権利を理解し、それに訴える能力がかなりかぎられてしまいます。また教育を受けられないために、さらにほかの困窮状態におちいることもあります。実際、こうした状況は最下層の人びとには、繰り返し起こりがちです。自分たちに何をどのように要求する資格があるのか、読んで理解する能力がないために、彼らの権利は事実上、奪われます。教育の格差と社会の階層との関係は明らかなのです。

この格差はまた、社会的な性差とも関連しています。女性が安定して暮らすうえで、このことがきわめて重要な問題となりうるからです。読み書きができないために、女性は当然の権利をしばしば奪われています。めぐまれない女性にとって、読み書きができないことは重大な障壁なのです。それによって彼女らが法的にもっている、あまり多いとは言えない権利（たとえば、土地や財産の所有、不公平な判断や不当な扱いへの抗議など）ですら、行使できずじまいになる可能性があるからです。就業規則書にある法的な権利が利用されないのは、往々にして虐《しいた》げられた側がその規則書を読めないからなのです。このように、学校教育における格差によって、困窮した人びとは、その状態と戦う方法や手段から遠ざけられ、まっしぐらに不安な状態に追いやられることになります。

読み書きができないことから、社会における犠牲者たちが政治に参加し、自分たちの要求を効果的に訴える能力は制限され、それによって彼らの政治的な機会も奪われてしまいます。こうしたことが、人びとの安全を脅かすことに直結するのです。政治の場で発言力がなければ、影響力は大幅に失われざるをえませんし、格差をつけられた人びとが今後、正当な扱いを受ける可能性も大きく損なわれるからです。

基礎教育は健康問題への取り組み全般に——とりわけ感染症の場合に——主要な役割をはたします。専門の保健教育の重要性は、たとえば感染症が蔓延する経路や、病気の予防法などを見れば容易に理解できます。しかし、一般的な教育でも人の思考の幅を広げ、社会の理解を深めることはできますし、それは流行病問題に対処するうえできわめて重要なものとなりえます。むしろ、一部の研究によれば、健康問題では一般の学校教育のほうが、専門の保健教育より有効であるともされています。

経験を重視する近年の研究から、女性の幸福《ウエルビーイング》が相対的にどう考慮され尊重されるかは、女性の識字力と、教育を受けた者として家庭内外での意思決定に参加できるかどうかに、強く影響されることが明らかになりました。多くの開発途上国では、男性にくらべて女性のほうが生存面でも不利な状況にあります。しかし、そうした事態ですら、女性のエンパワーメント〔自己決定能力をつけること〕が進むにつれて急激に減るようであり、いずれはなくなるかもしれません。識字力は、エンパワーメントの基本要素なのです。

女性の教育と識字力が、子供の死亡率を下げる傾向があることに関しても、多くの証拠があります。女性の基礎教育と女性の主体性《エージェンシー》の力（およびそれがおよぶ範囲）とのあいだのこうした関係は、教育における男女差がなぜ社会的に大きく不利益をもたらすのかを示しています。

ここまで私は、教育へのアクセス、包括的教育、教育到達度において、一部の人を他の人びとから分け隔てる格差について述べてきました。しかしこの機会に、学校のカリキュラムのあり方に見られる格差——それもまったく異なった種類の差——について少々考えてみるのもいいでしょう。カリキュラムの内容は、もちろん、現代社会への参加をうながす技術（たとえばコンピューターなど）を学習することと、明らかに関係しています。しかし、関連する問題はほかにもあります。学校教育は人の自己認識《アイデンティティ》や、私たちが自分やおたがいを見る目に、深く影響を与えうるからです。

この問題は近年、原理主義の宗教学校がはたす役割という特殊な状況のなかで注目されています。寛容性に欠ける狭量な教育が、特に子供たちの視野を狭《せば》める可能性には、注意を払う必要があります。子供たちを教育する公共機関の不足が、好戦的な政治活動家の手による宗教学校の魅力と人気を助長しているのに気づくことも大切です。

宗教を中心にして文明だけで人を分類すること自体が、政治不安を引き起こします。こうした見解では、人は「イスラム世界」とか「西洋世界」、あるいは「ヒンドゥー世界」、「仏教世界」などに単に属しているだけと考えられているからです。人間を分類する際に、宗教以外のすべての要素を無視することは、人を対立の可能性のある陣営に分けることです。イギリス政府ですら、宗教別の公立学校を減らさず、むしろ拡大するという間違いをおかしている、と私は思います。たとえば、既存のキリスト教学校のほかに、イスラム教、ヒンドゥー教、シク教の学校をふやしているのです。論理的に選択する力を育《はぐく》み、自分たちのアイデンティティを構成するさまざまな要素（言語、文学、宗教、民族性、文化史、科学的関心などにそれぞれ関連した要素）にどのように目を向けるか決める機会を、子供たちにほとんど与えていない場合は、なおさら間違っています。必要なのは、私たちに共通した人間性の大切さを話しあうことだけではありません。私たちの多様性がきわだっていることや、自分たち自身をどうとらえるかを決定づける論理にも重点をおくべきでしょう。

理性のおよぶ範囲を狭めずに拡大する、分派的でも偏狭でもないカリキュラムの重要性については、強調しすぎるということはありません。シェイクスピアはこう述べています。

生まれながらにして偉大な人もいれば、偉大さを獲得する人もいるし、偉大であることを強《し》いられる人もいる。[4]

子供の学校教育では、若い世代に狭量であることを押しつけないよう、気をつけなければならないのです。

英連邦という考え方には、そうした幅広いアプローチの背後にある哲学に通ずるものがあります。女王ご自身も半世紀前、即位された直後の一九五三年に、英連邦の盟主として、基本的な考えを明確にされています。

英連邦は……人間の最も崇高な精神、すなわち友情と忠誠、そして自由と平和への希求のうえにたてられたまったく新しい概念です。

友情と忠誠を深め、自由と平和にささげる気持ちを大切にするうえで、基礎教育は重大な役目をはたすことができます。このことは一方で、すべての人が教育を受けられるようになることと、もう一方では、子供たちがさまざまな背景と視野のある考え方に触れ、自分自身で考え判断するようになることを求めているのです。

基礎教育はただ技術を身につけさせる（それも大切ですが）ための制度ではありません。それはまた、世界の本質を、その多様性と豊かさを含めて認識することであり、自由と論理的な思考および友情の大切さを理解することなのです。そうした理解とそのような視野が、これまで以上に必要とされています。(5)

人間の安全保障と基礎教育

人間の安全保障

〈人間の安全保障〉という考え方は決して新しいものではありませんが、いまや目覚しい復活ぶりを見せています。このところ驚くほどたびたび、議論のなかで引き合いにだされるようにもなりました。「流行」語として、あまりにも頻繁に、あまりにも安易に使われる危険性すらあります。新たにもてはやされるようになった専門用語は、往々にしてそのような運命をたどるものです――たとえば、「社会的排除」のように。

エルス・オイエン〔ノルウェーの社会政策学者〕が率直に表現した、「社会的排除」という言葉を「拾いあげた」人びとが、「いまでは理論的基盤の乏しい概念を探究するセミナーや会議の準備に忙しく走りまわって[1]」います。そうしたあわただしい運命にならないように、人間の安全保障の概念について、その「理論的基盤」をかためておきましょう。

故小渕恵三首相は、新たな議論を日本などで始めるにあたり、〈人間の安全保障〉とは「人間の生存、生活、尊厳を脅かすあらゆる種類の脅威を包括的にとらえ、これらにたいする取り組みを強化するうえで」鍵となる考え方であると述べました。小渕首相は、「人間は生存を脅かされたり、尊厳を冒《おか》されることなく、創造的な生活を営むべき存在である」(2)という確信がそこに反映されていると考えました。

このように見ていくと、〈人間の安全保障〉は、人間の「生存」と「生活」を(おそらくは早死や、避けられる疾病、読み書きの不自由による多大な不利益などから)守り、維持するものであると理解できます。それはまた、私たちの人生に危害や侮辱、軽蔑を与えうるさまざまな苦難(貧困、困窮、投獄、追放、あるいは読み書きや計算ができないことに関連して受ける冷遇など)を回避することでもあると考えられます。

ですから、〈人間の安全保障〉の概念には、少なくとも次の要素がきちんと含まれる必要があると言えるでしょう。

一、「個々の人間の生活」に、しっかり重点をおくこと(たとえば、「安全保障」を軍事的な意味に解釈しようとする「国家の安全保障」という、専門官僚的な概念とは対照的に)。
二、人間が、より安全に暮らせるようにするうえで、「社会および社会的取り決めのはたす役割」を重視すること(一部の宗教で強調されるような、個々の人間の苦境と救済を社会とは切り離したかたちで考えようとはせずに)。
三、全般的な自由の拡大よりも、人間の生活が「不利益をこうむるリスク」に焦点を絞ること〈人間的発展《ヒューマン・ディベロプメント》〉〔人間としての自由を高め、潜在能力を身につけそれを活用できること〕を推進する広義の目標とは対照的に)。

四、「より基本的な」人権(人権全般にではなく)を強調し、「不利益」に特に関心を向けること。

〈人間の安全保障〉は、唯一それだけが重要なわけではありません。私たちの関心を引くだけの正当な理由がある、その他もろもろの目的の一つにすぎません。〈人間の安全保障〉の考え方には、国際的な対話のなかで重要な位置を占めてきた他の基本的概念とも、補完しあうところが多々あります。たとえば、故マーブブル・ハク〔パキスタンの経済学者〕が主唱した〈人間的発展〉のすばらしい概念や、〈人権〉などです。

〈人権〉は、二〇〇年以上前にトマス・ペイン〔アメリカ独立革命の思想家〕が唱えた「人間の権利」や、メアリー・ウルストンクラフト〔一八世紀イギリスのフェミニズム理論家〕の「女性の権利の擁護」の流れを間接的に汲みながら、新たな概念の場において復活したものです。〈人間の安全保障〉は、確かに〈人間的発展〉と〈人権〉に関連していますし、「国家の安全保障」や「個人の貢献」ともかかわっていますが、そのいずれとも同義ではありません。その違いを明確にすることは、現代のグローバルな議論で追究されている重要問題と〈人間の安全保障〉との、相互依存関係や結びつきを理解することと同じくらい重要なのです。

不利益をこうむるリスク

〈人間的発展〉の概念は、ＧＮＰ（国民総生産）を基準に発展のプロセスを理解するのではなく、人間の自由と「潜在能力《ケイパビリティ》」を全般的に高めることに焦点を絞るべきだ、とする考え方です。当然のことながらここでは、〈人間的発展〉に欠かせない要素として、基礎教育に中心的な役割が与えられています。私がマーブブル・ハクのために作成した「人間的発展指標」は、識字力と学校教育を、人間の潜在能力を増大させるための中心的存在として、また〈人間的発展〉の総合的な指標に不可欠なものとしています(3)。

こうした考え方は、マーブブル・ハクをはじめとする人びとが、グローバルな対話のなかで確立してきました。そして、〈人間の安全保障〉にとって教育が必要であることを理解するには、この点を踏まえておかなければなりません。〈人間の安全保障〉は、人間の潜在能力を守るのに欠かせない要素です。そのため、広い意味で〈人間的発展〉に含まれるさまざまな目標のうち、「不利益をこうむるリスク」の排除に教育が貢献できる度合いにも、〈人間の安全保障〉は直接かかわってきます。したがって、〈人間の安全保障〉は、〈人間的発展〉の概念のうえに立脚し、その広い視野と展望をうまく取り入れているのです。このことは特に、初等教育のはたす重要な役割に明確に当てはまります。

同様の関係は、教育を〈人権〉の一つとみなすことと、人間の生活の安全を保障するうえで基礎教育がはたす役割を重視することのあいだにも見いだせます。ここでは、「権利」と「義務」のあいだにある「二重の」真実を思い起こすことが特に重要です。具体的には、権利について語るときはかならず、それにともなう義務も明確にして、概念として完全なものにすることを求める研究が必要です。権利と義務は、表裏一体の構造だからです。相関関係にあるこういった義務は、どちらかと言うと、社会全体の総合的な義務というかたちをとり、特定の個人または機関の具体的な義務としての、厳密な法律というかたちにはならないでしょう。(4)〈人間の安全保障〉を重視することで、社会が〈人権〉に見合った義務をはたす必要がなくなるわけではありません。とにかく、中心となるのはやはり、不利益をこうむるリスクを避けることなのです。

当然のことながら、人びとを読み書きも計算もできないままにせず、基礎教育をほどこし安定した生活が送れるようにはかる責任こそ、〈人間の安全保障〉が求めるところを理解するうえで重要なのです。もちろん、社会の義務を、国家だけが負う役割と混同してはいけません。〈人間の安全保障〉の主張は、〈人権〉を促進し人間の不安を減らすのに役立つ、すべての制度や組織に向けられたものなのです。関連する組織は各国政府のものもあれば国際機関もあり、公共団体も民間団体も、公認あるいは非公認と、さまざまにあります。それらの組織を結びつけるのは、基礎教育の価値を認める共通の必要性と、それを満たすための規準を確立する義務なのです。こうした主張は道徳的および社会的なものであって、法律や行政がからむことはありません。

このような理解が進めば、〈人間的発展〉や〈人権〉を促進する際に教育がはたす役割について書かれた膨大な文献が、〈人間の安全保障〉の教育面における必要性を理解するのに、そっくりそのまま役に立つことが明らかになるはずです。

考え方はこのようにして広がっていきますが、観念的に何もない状態から始める必要はありません。これは、概念としての〈人間の安全保障〉全般に――教育面だけではない多くの分野についても――当てはまります。たとえば、リンカン・チェン〔アメリカの医学者〕とヘレン・エプスタイン〔公衆衛生学者〕（およびスディール・アナンド〔経済学者〕）が主張した「健康の安全保障」の問題は、保健と医療面における人権問題の要求と一緒に考えることができます。各国政府や国際機関、製薬会社、専門NGO（非政府組織）、さらには医師など医療関係者のあいだでも、相互に関係する義務の問題なのです。[(5)]

〈人間の安全保障〉の重要性と、その幅広い要求に関して市民社会のなかの議論が進めば、この考え方は大いに推進できるでしょう。

基礎教育は人間の安全保障にどう影響するのか？

〈人間の安全保障〉にとって、基礎的な学校教育が課題の中心となる明らかな理由がいくつかあります。

第一に、すでに述べたことですが、読み書きや計算ができなければ、それだけで生活が脅かされます。ですから、何よりもまずきちんとした初等教育が、深く根を下ろした不安を緩和するうえで確実に役立ちます。

第二に、人びとが収入の多い仕事に就くには、基礎教育が非常に重要になります。こうした関連性は以前からありましたが、急速にグローバル化が進み、厳密な仕様に沿った品質管理と生産が要求される現在では、決定的なものとなるでしょう。この会議の開催国――つまり、インドのことですが――は、基礎教育をおろそかにしたために、大きな痛手をこうむりました。教育面の遅れのせいで、インドの一般の人びとはグローバルな商取引から利益を得る機会を、いちじるしく制限されています。インドでも、機会（高度な技術教育や特殊技能訓練など）にめぐまれ、しかるべき教育を受けた人であれば、国際的なチャンスを充分に利用できましたが、基礎教育においてもっと道を開く（同様に基本的な産業技術をもっと広める）必要性は、まだまだあるのです。(6)

第三に、読み書きができなければ、法的権利を理解し、それを行使する能力は、いちじるしく制限されるでしょう。識字力のない女性の場合、実際にもっているあまり多いとは言えない権利を利用するうえでも、かなりの障害となるに違いありません。(7) 寡婦の法的権利が往々にして踏みにじられるのも、このような女性に読み書きのできない人が多いからです。(8) 学校教育を受けていない人びとが困窮すれば、彼らはその困難な状態を埋めあわせる方法や手段からも遠ざけられ、不安定な状況へとまっしぐらに突き落とされることになります。

第四に、非識字の問題は社会における犠牲者の政治的な声を封じ、彼らの不安をひどく拡大させます。発言力と安心感はきわめて強く結びついています。民主主義社会で飢饉は起こらないとよく言われますが、これは政治的発言力があり意思決定に参加できることがもたらす効果の一例にすぎません。人びとの発言力を増大させる基礎教育の力には、彼らを守る重大な役割があり、またそれだからこそ、〈人間の安全保障〉にとっても大切になるのです。

第五に、経験や観察を優先させる近年の研究により、次のことが明らかになりました。女性の幸福《ウエルビーイング》について考慮され尊重される度合いは、その女性独自の収入があるかどうか、家庭外で雇用されているか、所有する権利を認められているか、識字力が身についているか、教育を受けた者として家庭の内外で意思決定に加われるかどうかに大きく左右されるのです。

実際、開発途上国でも、男性にくらべて女性のほうが低かった生存率の格差が急速に小さくなっているようです。女性がいっそう主体性をもつようになって、格差が解消される可能性もあります。このようなさまざまな特性（女性が収入を得る力、家庭外での経済的役割、識字力と教育、所有権など）は、一見するとたがいに無関係のように思えるかもしれません。しかし、すべてに共通するのは、女性の独立とエンパワーメント〔自己決定能力。必要なものを入手し利用できる法的・社会的・経済的パワーを含む能力や資格をそなえること〕を通じて、それらが女性の発言力と主体性を高める貢献をしていることです。したがって、その研究のなかで指摘されたさまざまな特性には、統合されてエンパワーメントにつながる役割があるのです。

この役割は、次のような認識とも関連していなければなりません。つまり、経済的に独立し、社会的に解放されることで得た女性の力は、家庭内の意思決定においても、その力関係と基本原則に大きな影響をおよぼしうる、というものです。これに関しては、かなり多くの例証があります。たとえば、女性のエンパワーメントの確立により、出生率は急激に下がります。これは驚くべきことではありません。たび重なる出産と子育てで最も悲惨な生活を強いられているのは、若い女性たちです。そして彼女たちの決定力を増し、その利害にもっと関心を向けさせるものはなんであれ、過度にわたる出産を減らす一般的傾向があるからです。たとえば、インド国内の異なった地域で実施された比較研究では、出生率の低下に大きな影響を与えた二つの要因は、女性の教育と雇用でした(9)。

女性の教育と識字力の向上が、子供の死亡率を下げる傾向があることに関しても、多くの証拠があります。子供の生存率は、さまざまな方向から影響を受けますが、最も直接的には、子供の幸せを願う母親の力によるものでしょう。また、母親の主体性が尊重され強化されれば、家庭内の決定にも影響をおよぼす機会がふえ、それによっても状況は変わるに違いありません。同様に、女性のエンパワーメントには、これまでたびたび指摘されてきた、男女の生存率に見られる格差（特に若い女性の生存率の低さ）を縮めるのにも大きく影響しているようです[10]。

女性の基礎教育と女性の主体性がもつ力のこうした結びつきは、〈人間の安全保障〉全般にたいして学校教育がはたす役割を理解するうえで、きわめて重要なものとなります。女性（特に若い女性）の生存率の低さを改善し、子供の死亡率（男女を問わず）を減らし、適度の出生率をたもつようにすることなどはいずれも、生活と尊厳を脅かされ「不利益をこうむるリスク」の排除に関連した根本の問題なのです。

最後に、基礎教育に関連して〈人間の安全保障〉を考える場合、包括的教育とカリキュラムについても検討しなければなりません。これについてはすでに、グローバル化した世界で職業知識がはたす役割について述べた際に間接的に触れましたが、他にも関連する問題点がありまず。というのも、学校教育は人のアイデンティティと、おたがいを見る目に深い影響を与えうるからです。近年、（知識人および政治指導者を含む多くの著名な時事解説者によって推進された）「文明の衝突」という考え方が、大いにもてはやされています。こうした見方からさっそく軋轢《あつれき》が生じるのは、衝突は不可避だという考え（むろん、それもあとでは問題になりますが）からではなく、それ以前に、人間を一面だけから見る主張だからです。すべてに優先するという触れ込みで人間をひと括《くく》りにする、このような分類方法を通じて人びとを見ること自体が、政治的不安定をもたらします。

この問題は、パキスタンのイスラム原理主義の勢力拡大に、間接的とはいえ、神学校《マドラサ》がはたした役割と関連して注目を集めました。そして、ここインドでも一部の政治グループが文化と教育を制限するよう主張している現実を考えれば、同じような危険性はあります。

それどころか、インドでは、「文明の衝突」論に欠かせない西洋の「独自性」なるもの（間接的には寛容な「文明」としてのその優越性）を主張する人びとと反西洋派とのあいだに、さらには世界ヒンドゥー協会（ＶＨＰ）とサング・パリワール〔ヒンドゥー・ナショナリズムの政治団体〕の反多元主義者とのあいだにも、暗黙の連携があります。

サミュエル・ハンチントン〔アメリカの政治学者。『文明の衝突』(11)の著者〕は、インドを「ヒンドゥー文明」として描きました。これはインドネシアとパキスタンを除いて、インドに世界のどこよりも多くのイスラム教徒（約一億二五〇〇万人――イギリスとフランスの全人口を合わせた以上の数）がいる事実をないがしろにしています。また、インドの芸術、音楽、文学、社会を充分に理解しようと思えば、さまざまな共同体間のかかわりを考慮せざるをえませんが、そうした現実にも目を向けていません。

文明の衝突という考え方は、インドの政治形態の特色であるはずの、宗教色を排した概念も見過ごしています。また、世俗国家の必要性を誰よりも力強く雄弁に訴えたのが、イスラム教徒の君主であるムガル帝国のアクバル帝〔在位、一五五六―一六〇五〕だった、というさほど遠い昔のことではない歴史的事実も顧みていません。

ハンチントンはリベラルな寛容を「西洋」ならではの特徴とみなし、「近代化される以前から、西洋はすでに西洋だった」と主張します。となれば、一六世紀末にアクバル帝が宗教的寛容の必要性を宣言していた時代に、ローマのカンポ・デイ・フィオーリ広場でジョルダーノ・ブルーノ〔イタリアの宗教家・哲学者〕が異端のかどで火あぶりの刑に処せられたことを思い起こす価値はあるかもしれません。文明にもとづく分類は希望のない歴史であるばかりでなく、人びとを狭義のカテゴリーに押し込め、「文明ごとに」はっきりと引かれた境界線をはさんで対峙《たいじ》させ、それによって世界の政情不安をあおり、一触即発状態に近づけるでしょう。

今日ではイギリス国内ですら、もともとは「多民族国家イギリス」の多元主義の活動だったものが、イスラム教、シク教、ヒンドゥー教学校の創設運動（すでに何校か存在）へと変わりつつあります。こうした学校での重点課題は、「自らの文化」について学ぶことにあるとされ、何を信じどう生きるかについて、充分に学んだうえで選択させる教育の機会は激減しています。若いイギリス人にとって、それも特にインド亜大陸出身者にとって、選択の幅ははるかに狭くなっています。家族の伝統があれば個人の選択は不要という誤った考えが、アクバル帝が「理性の道」と呼んだものを閉ざしているのです。

こうした問題は世界に共通しています。一枚岩のようなアイデンティティをつちかう運動に、誰もが夢中になっているからです。トニー・ブレア英首相はリベラルな——いろいろな意味で洞察力のある——見解を雄弁に語りながら、「真のイスラム」に関する彼なりの解釈を示してみせました。ブレアは明らかにこの問題について、ちょっとした専門家になっています。けれどその彼ですら、イスラム教徒であることが、かならずしもすべてを凌駕《りょうが》するアイデンティティではないということを、認識していないようでした。(12)

カリキュラムを開放的なものにし、理性のおよぶ範囲を広げるという課題は、〈人間の安全保障〉の促進における教育の役割を考える際に、きわめて重要なものとなるでしょう。学校が子供に「狭量さを押しつけ」て、その役割をはたすことに失敗すれば、広く学ぶことができるという彼らの基本的な〈人権〉を侵害するだけでなく、世界を必要以上に危険な場所に変えることにもなります。

基礎教育と〈人間の安全保障〉の関係には、こうした問題もまた含まれるのです。(13)

人間の安全保障、人間的発展、人権

人間の生活を脅かす不安

〈人間の安全保障〉は、人間の生活を脅かすさまざまな不安を減らし、可能であればそれらを排除することを目的としています。この考え方は、国家の安全保障の概念とは対照的です。国家の安全保障は、何よりも国家を安泰に強固なものにたもつことに重点をおいて、そこで暮らす人びとの安全には間接的にしかかかわりません。

このような対比だけでも明らかだとは思いますが、〈人間の安全保障〉というものを充分に説明するには、この考え方が〈人間的発展〉や〈人権〉といった人間を中心に考えるその他の概念と、どう関連し、どう異なるかを理解することも大切です。〈人間的発展〉と〈人権〉の概念は、かなり知れわたっています。いずれも長年、それ相当の理由から擁護されてきたものであり、また私たちの生活の本質に直接かかわってもいます。したがって、広く認められたこれら二つの概念に、〈人間の安全保障〉という考え方が何を加えられるのか、問いかけてみる必要はあるでしょう。

人間の安全保障と人間的発展

〈人間的発展〉という考え方は、先見の明ある経済学者マーブブル・ハクが、国連開発計画（UNDP）の後ろ盾を得て提唱したものであり、これまでに多くの文献を充実させてきました。この考え方はとりわけ、発展にたいする関心のもち方を変えるうえで役に立ちました。従来は利便性のあるモノをふやすことに、たとえば国内総生産や国民総生産に反映されるような商品の生産に偏りすぎていた人びとの目を、人間の生活の本質と豊かさに向けさせたのです。人間の生活はいくつもの要因から影響を受けていますし、商品の生産はそうしたものの一つにすぎないからです。

〈人間的発展〉の目的は、人間の生活に制限や制約を加えたり、その開花をさまたげたりするさまざまな障害物を取り除くことです。こうした目的の一部は、「人間的発展指標（HDI）」に反映されています。この指標は〈人間的発展〉の取り組みの中心と言えますし、広く利用されてもきました。ただし、〈人間的発展〉の概念は広く深いものであり、それはHDI関係のものにとどまりません。UNDPが毎年まとめている『ヒューマン・ディベロプメント・リポート』をはじめ、関連の出版物のなかでこの概念は使われています。

〈人間的発展〉はこのように幅広い概念ですが、発展と拡大に主眼をおいているので、きわめて上昇傾向の強いものです。人間の生活を改善するために、新たな領域を獲得することを目的としていますから、守るべき対象の安全を確保する活動に焦点を絞るために、いちばん後ろにひかえているには、活発すぎるきらいもあります。

概念としての〈人間の安全保障〉は、「不利益をこうむるリスク」とも呼ばれるものに直接、目を向け、拡大傾向の強い〈人間的発展〉を効果的に補います。人間の生存や日々の生活の安全を脅かす不安、あるいは人が生まれもった尊厳を危うくし、病気や社会の害悪によって不安定な状況にさらす危険、さらに無防備な人びとが不況のせいで突如として貧困生活を強いられる状況などを考えれば、こうした困窮状態に不意におちいる危険性に特別な関心を向ける必要があることがわかります。〈人間の安全保障〉はこうした危険から人びとを守り、エンパワーメントを求めるものであり、それによって、これらの障害と折り合いをつけ、できれば克服しようとするものなのです。

もちろん、〈人間の安全保障〉における重点と、〈人間的発展〉が取り組む課題は、基本的には矛盾しません。厳密に言いますと、むしろ、人びとをこうして保護することも、ある意味では拡大とみなせるでしょう。つまり、安全と安心の拡大です。しかし、〈人間の安全保障〉の用心深い見方では、その重点や優先順位が違っています。人間中心の発展をめざす、楽観的で上昇傾向の強い（これは〈人間的発展〉にも当てはまります）議論に見られる典型とは、かなり趣が異なるのです。こうした発展中心のアプローチは、「公正な成長」に集中しがちです。

これをテーマにした論文は多数あり、影響を受けた政策もかなり多く推進されています。それとは対照的に、〈人間の安全保障〉は、「安全な下降」に真剣に目を向けることに重点をおいています。国の内外でもちあがる困難な問題が原因で、景気の下降はときとして否応なしに起こるからです。それは、成長の過程で取り残された人びと、つまり解雇された労働者や万年失業者などがおかれた慢性的に不安定な状況に、追い討ちをかけます。

成長と拡大による利益の配分が不均等で公正でないことは、かねてから議論されてきました。しかし、たとえその問題がうまく処理されても景気が急下降すれば、無防備な人びとの生活はきわめて苦しい状態に追いやられるかもしれません。経済の拡大とともに、人びとの生活が全体的に向上したとしても、暮らし向きが悪くなるときは、得てしてその転落の度合いに極端な差が生じます。これは、多くの経済学的な証拠によって示されています。一九九七年から九九年にかけてのアジア経済危機でも、この事実が悲惨なほど明らかになりました。「公正な成長」によって大成功をとげた韓国やタイなどの東アジアや東南アジアの国々でも、景気が急激に下降した場合、崖っぷちに立たされた人びとを守るすべは、ほとんどありませんでした。

しかし、経済学的な事例から明らかになるのは、「公正な拡大」と「安全な下降」という二つの見方の一般的な相違点にすぎません。たとえば、世界中の人びとに通常の保健医療を行きわたらせるという基本的な要求を、擁護し推進することは非常に重要です。しかしながらこの戦いは、エイズやマラリア、薬剤耐性結核などに起因する、突然の感染症の拡大と戦う差し迫った必要性とは区別して考えなければなりません。

安定した生活を守るすべがないことは、不均等な拡大とは異なった、そしてある意味ではより切実な問題です。私たちは〈人間的発展〉を重視する取り組みから手を引くことなく、現在、世界が直面していて、これからも長年、直面しつづける〈人間の安全保障〉の難題にも、立ち向かわなくてはなりません。

人間の安全保障と人権

〈人権〉の概念と〈人間の安全保障〉の考えとのあいだにも、同じように補完しあう関係があります。現代の政治議論において、〈人権〉ほど頻繁に引き合いにだされる概念はあまりありません。世界の人びとは誰でもどこでも、国籍や居住地に関係なく、尊重されるべき基本的な権利をもっている、というこの考えには、深く人を魅了するものがあります。〈人権〉が倫理に訴える力は、拷問や一方的な投獄への抵抗から、飢えや女性にたいする不平等な扱いをなくす要求まで、さまざまな目的に使われてきました。

〈人権〉は、法律になっている場合も、なっていない場合もあります。そのいずれにしても、〈人権〉は社会的倫理に強く訴えるものになります。法律以前に、「自然発生的な」あるいは

「人間としての」権利があるという考え方によって、立法化が何度もうながされてきました。一八世紀における「アメリカ独立宣言」やフランスの「人間と市民の権利の宣言（人権宣言）」、あるいは二〇世紀の「人権と基本的自由の保護のための欧州条約」の場合がそうです。しかし立法化されない場合でも〈人権〉が肯定され、それに関連する擁護活動や虐待の監視が支持されれば、倫理上の責任に政治的な要素が加わって、大きな効力をもつことになります。

〈人権〉の根底にある責任は、人間の基本的な自由を尊重し、それを推進および拡大する行為となって現われます。〈人権〉の概念はもともと、規準を確立する性質のものであって、具体的にどの自由が重要で、社会がそれらを承認し保護し促進すべきか、といった問題には答えていません。その点、〈人間の安全保障〉は、新旧それぞれの不安定な状況からの解放が重要であることの確認に、いちじるしく貢献します。このように、人間の生活の不安をなくすために考えなければならないさまざまな事実と、特定の自由を人権と認めることでもたらされる倫理的要求の力とが結びつくのです。

したがって、〈人権〉と〈人間の安全保障〉は、たがいに効果的に補いあえるのです。一方では〈人権〉は、適切な動機によって具体化される特定の要求で満たす必要のある、一般的な枠組みとみなすことができます。ですから、（不安定な状況を克服する重要性を示すことによって）、〈人間の安全保障〉が筋の通ったかたちで具体化され、この重要な枠組みの一部を満たす役に立つことには大きな意味があります。もう一方では、事実にもとづいた重要な概念としての〈人間の安全保障〉は、倫理的な力と政治的な認知を必要としています。ですから、〈人間の安全保障〉に関連した自由を重要な〈人権〉の一部とみなすことによって、こうしたものが適切に得られるようになるのは有益でしょう。〈人間の安全保障〉と〈人権〉は、たがいに対抗する関係にはなく、やはり、補完しあう考え方なのです。

〈人間の安全保障〉を〈人権〉の一部とみなす利点の一つは、権利にはそれに応じた義務が人びとや機関に生じることです。こうした義務は、特定の人または行為者《エージェント》に課される具体的な要求として「完全義務」のかたちをとることもあれば、援助しうる立場にいる人の誰もが要求される「不完全義務」になることもあります。〈人間の安全保障〉の考え方に効力をもたせるには、(たとえば、基本的な援助を与える義務が国家にあるように)、具体的に誰にどんな義務があるかを考えることが大切です。また、人間の生活を脅かす不安を減らすことができる立場にある人びとに、何ができるかを考える共通の——とはいえ、なかば特定の——義務がなぜ課せられているのか、その理由を考えることも重要です。

このように、〈人間の安全保障〉を〈人権〉の全般的な枠組みのなかでとらえることは、〈人間の安全保障〉という考えそのものにも多くのことをもたらします。

結論としましては、〈人間の安全保障〉と〈人間的発展〉および〈人権〉について、一方ではそれぞれの相違点を理解するとともに、それらがなぜ補完しあう概念と見られているのかを考えることもまた大切です。違いをきわだたせる明確さによって、相互に高めあうことができるのです。(1)

グローバル化をどう考えるか

グローバル化の歴史

グローバル化は世界を西洋化することだとよく言われます。グローバル化に賛成の人も反対の人も、この点に関してはかなり意見が一致しているでしょう。好意的に見る人は、これを世界にたいする西洋文明のすばらしい貢献だと考えます。都合よく編纂《へんさん》された歴史のなかでは、目覚しい発展はヨーロッパで起こったとされてきました。

まず、ルネサンスの時代がやってきて、それから啓蒙思想が生まれ産業革命へと発展し、これらのことが西洋諸国の生活水準を大きく改善した、というものです。そして、今日では西洋の偉大な功績が世界に広がっている、と。

このような見地に立てば、グローバル化は西洋からその他の世界への申し分のない贈り物だとさえされるでしょう。歴史をこのように解釈する人は、これほどの善行が忌《い》まわしいものとして見られるばかりか、恩知らずな世界から過小評価され酷評されることに腹を立てます。

逆の見方をすれば、(ときには帝国主義の継続とも考えられる)西洋の支配こそが、問題の元凶となります。こちらの見解では、現代の資本主義はヨーロッパと北米にある利己的で貪欲な西洋諸国によって動かされ、牽引《けんいん》されているのであって、そこで定められた通商関係のルールは、世界の貧しい人びとの利益にはならないと考えられています。西洋以外のさまざまなアイデンティティを掲げることも、それが宗教によって定義されたもの（イスラム原理主義のように）であっても、地域によるもの（アジア的価値観の主張のように）でも、文化によるもの（儒教倫理の礼賛のように）でも、いたずらに西洋との対決をあおるばかりです。

グローバル化はほんとうに西洋の新たな呪縛《じゅばく》なのでしょうか？　グローバル化は実際には、新しくもなければ、かならずしも西洋のものでもなく、それどころか呪縛でもありません。何千年という歳月のあいだ、グローバル化は旅、通商、移住、文化的影響の伝播《でんぱ》、および（科学やテクノロジーに関するものを含めた）知識や解釈の普及を通じて、世界の発展に寄与してきました。こうした全世界にまたがる相互関係は、さまざまな国の進歩に大いに役立ってきたのです。これらは、かならずしも西洋の影響力の増大に結びついたわけではありません。むしろ、これまでグローバル化で積極的な役割をはたしたのは、西洋から遠く離れた場所にいる人びとでした。

具体的には、この前の一千年紀末期ではなく、その初期の世界を考えてみてください。西暦一〇〇〇年頃、科学やテクノロジー、数学が世界に広まったことによって、古い世界の本質が変わりつつありましたが、この時代にはそのほとんどが、今日、私たちが見ているのとは逆の方向に普及していました。西暦一〇〇〇年の世界の最先端技術には、紙、印刷機、石弓、火薬、鉄鎖の吊橋、凧《たこ》、磁気羅針儀、手押し車、それに扇風機などがありました。

一〇〇〇年前、こうした品々は中国で広く使われていましたが、その他の地域では、ほとんど知られていませんでした。グローバル化によってそれらは世界に広まり、ヨーロッパにも伝わりました。

同様の動きは、東洋からの影響が西洋の数学にもたらされる過程でも起こりました。十進法は二世紀から六世紀のあいだにインドで考えだされ、発展をとげたものです。その後まもなく、アラブの数学者が十進法を用いるようになりました。こうした革新的な数学のアイデアがヨーロッパに伝わったのは一〇世紀末期で、その後の一千年紀の初頭から影響をおよぼしはじめ、ヨーロッパを変貌させた科学的革命のなかでも重要な役割をはたしました。

グローバル化をもたらすのは、ヨーロッパのものでも西洋だけのものでもなく、かならずしも西洋の支配と関連するわけでもありません。むしろ、当時、数学や科学やテクノロジーのグローバル化に抵抗していたら、ヨーロッパは経済的にも、文化的にも、科学的にも、ずっと貧しい地域になっていたことでしょう。

そして今日でも、方向は逆（つまり西から東へ）ですが、同じ原則が当てはまります。科学やテクノロジーのグローバル化が、西洋の影響や帝国主義を象徴するものだからといって、それに抵抗することは、いわゆる西洋の科学とテクノロジーの陰に確かに存在する世界的な貢献——世界のさまざまな地域からもちよられたもの——を見落とすことになるだけではありません。そのプロセスからどれだけのものを世界全体が得られるかを考えれば、そのような抵抗は現実的にも、じつにばかげた判断となるでしょう。

グローバルな遺産

グローバル化が典型的な西洋起源の現象だという考えに反論するには、反西洋を唱えるレトリックを疑問視するだけでは足りません。現代のさまざまな文献に見られる排外的な西洋優先主義にも疑いの目を向けなくてはならないのです。確かに、ルネサンスも啓蒙思想も産業革命も偉大な実績でしたし、これらは主にヨーロッパで起こり、のちにアメリカに波及しました。それでも、こうした発展の多くは世界の他の地域でつちかわれた経験にもとづくものであり、西洋文明の領域内だけで達成されたものではありません。

私たちの文明はグローバルな遺産なのであり、単に地域ごとの文化を並べたものではないのです。ボストンにいる現代の数学者が、コンピューターを使って難しい問題に取り組み、アルゴリズム〔問題を解くための計算方式〕を用いたとき、その当人は、九世紀前半に活躍したアラブの数学者、ムハンマド・ブン・ムーサー・アル・フワーリズミーの功績をたたえていることに気づかないかもしれません（アルゴリズムという言葉はフワーリズミーの名前に由来します）。それでも、知的な関係は脈々とつながり、西洋の数学と科学を、明らかに西洋以外の多くの専門家と結びつけています。フワーリズミーもそのうちの一人なのです（代数学を意味する「アルジェブラ」という言葉は、彼の名著『アル・ジャブル・ワル・ムカバラ』[1]に由来します）。それどころか、フワーリズミーは数多くの貢献者の一人にすぎません。彼らの功績はヨーロッパのルネサンスに影響を与え、のちには啓蒙思想にも、産業革命にも寄与しました。ヨーロッパおよびヨーロッパ化されたアメリカで達成された目覚しい偉業については、西洋がその功績を全面的に認められるべきですが、それらが完全に西洋だけで考案されたとするのは想像の産物なのです。

世界の科学とテクノロジーの進歩は西洋だけが導いた現象ではありません。西洋諸国が関与すらしていない世界的に重要な発展もありました。たとえば、世界初の本の印刷は、すばらしくグローバル化された出来事でした。印刷術の開発はもちろん、完全に中国人の功績です。しかし、その中身は別のところからもち込まれました。最初に印刷された本はサンスクリット語で書かれたインドの専門書を、中国語に翻訳したものでした。バジュラッチェーディカー・プラジュニャーパーラミタースートラというこの書（「金剛般若経」とも呼ばれます）は古い仏典です。これを五世紀にサンスクリット語から中国語に翻訳したのは、インド人とトルコ人の混血の学者クマーラジーバでした。彼は東トルキスタンのクチャ〔亀茲《きじ》〕と呼ばれるところに住んでいましたが、のちに中国へ移住しました。この本が印刷されたのは四〇〇年後の西暦八六八年です。中国、トルコ、インドがかかわったこの一連の出来事がグローバル化であることは確かなのですが、そこには西洋の影もかたちも見えません。

グローバルな相互依存

思想と慣例のグローバル化に抵抗しなければならないのは、それにつづいて引き起こされる西洋化が心配だからだ、という考え方が、植民地時代にもポスト植民地主義の世界にもありました。しかし、それは時代を逆行させる誤った見立てです。このような考え方は独自の文化にこだわる偏狭な傾向をあおり、科学的知識の客観性がもたらす可能性をさまたげます。歴史を通じてグローバルな交流を考えれば、この考え自体からは何も生まれてこないばかりか、非西洋の社会の発展を阻害して、その影響は彼らの貴重な文化にもおよぶでしょう。

インドには、自然科学や数学の分野で西洋の思想や概念を用いることに抵抗した人びとがいました。一九世紀には、西洋とインド古来の教育をめぐる広範な議論になりました。トマス・バビントン・マコーリー〔イギリスの歴史家・政治家〕のような西洋化推進論者は、インドの伝統にどのような利点も認めませんでした。「ヨーロッパの優れた図書館の書棚一つ分の書物だけでも、インドとアラビアに昔からある文献すべてを合わせたよりも価値がある。これにたいして異を唱えられる人物に［インドの伝統を擁護する］人びとのなかで一人として出会ったためしがない」と、彼は断言しました。半ばそれに対抗して、インド古来の教育を擁護する側は、西洋から輸入されたもののすべてに抵抗しました。どちらの側も、異なる二つの文明が根本的に対立している、という考えにとりつかれていたのです。

三角関数などを使うヨーロッパの数学は、純粋に「西洋」からインドにもち込まれたものとみなされていました。ところが実際には、西暦四九九年にインドの数学者アールヤバタが、天文学と数学に関して著した古典のなかで三角関数のサインの概念について述べていて、それをサンスクリット語でジャ・アルダ（「半弦」の意）と呼んでいたのです。この言葉は初めは「ジャ」と短縮され、のちにアラビア語の「ジャイバ」になり、さらに「ジャイブ」と変化しました。これは「入江または湾」を意味する言葉です。数学の歴史に関する著書のなかでハワード・イーヴズ〔アメリカの数学者〕はこう説明しています。西暦一一五〇年頃、アラビア語から翻訳する際に、クレモナのゲラルドが「ジャイブ」を、ラテン語で入江または湾に相当する言葉「シヌス《sinus》」とおきかえた、と。これが現代の用語「サイン《sine》」の語源なのです。つまり、この概念は地球をぐるりと一周したのです。インドから発して、またもとの地へと。

グローバル化を、（よく言われるように）単に思想と信条面における西洋帝国主義とみなすのは重大な間違いですし、そのことでまわってくるツケは大きいでしょう。一〇〇〇年前にヨーロッパが東洋からの影響に抵抗していたらこうむっていたぐらい、大きな損失です。もちろん、グローバル化にかかわる問題で、帝国主義に関連する諸問題（征服の歴史、植民地主義、今日もまだいろいろな面で残る外国人支配）もありますし、ポスト植民地主義の観点から世界を見ることには、それなりの価値があります。しかし、グローバル化をそもそも帝国主義の一つの特徴だと考えるのは、大きな間違いでしょう。グローバル化はそれ以上にずっと大きく、ずっと意義のあることなのです。

グローバル化によって生じる経済的な利益や損失の配分問題は、まったく別個のものです。これは非常に重要な課題として、さらに取り組まなければならないものです。グローバルな経済が地球のさまざまな地域に、繁栄をもたらした証拠はいくらでもあります。数世紀前まで世界には貧困が蔓延して、豊かな地域はごくわずかしかありませんでした。こうした困窮状態の打破に、経済面の活発な相互関係と近代の科学技術は寄与してきましたし、それはいまもつづいています。ヨーロッパ、アメリカ、日本、東アジアで起こったことは、その他すべての地域に重要なメッセージを送りました。グローバルな経済交流が生んだ前向きの成果をまず認めなければ、今日のグローバル化の本質は深く理解できません。

実際のところ、現代の科学技術の多大な恩恵や、国際貿易や交流の安定した効率のよさ、あるいは開かれた社会で暮らすことの社会的および経済的な利益から、世界各地の貧しい人びとを遠ざけていては、彼らの経済的な惨状を打開できません。むしろ、重要なのは経済的な交流と科学技術の進歩による目覚しい利益を、困窮した弱者の利害に充分な関心を払いながら、どうすればうまく利用できるかという点なのです。これこそ、私に言わせれば、いわゆる反グローバル化運動から生まれる建設的な争点なのです。

貧者は、いっそう貧しくなっているのか？

中心となる難題は不平等と関連したものです。それは国際間のものだけでなく、国内問題の場合もあります。問題となる不平等には、貧富の格差もあれば、政治的、社会的、経済的機会および権力に見られる甚《はなは》だしい不釣合いも含まれます。

重大な問題の一つは、グローバル化によって得られる利益の配分に関するものです。富裕国と貧困国のあいだで、そして一国内のさまざまな集団のなかで、それをどう分けるかについてです。世界のなかで、貧者も富者と同じくらいグローバル化を必要としていることを理解するだけでは充分ではありません。貧しい人たちが実際に必要とするものを確実に手に入れられるようにすることが肝心なのです。このためには、グローバル化を擁護する一方で、制度の大幅な変革が必要かもしれません。

配分をめぐる問題を系統立てて述べるには、もっと明快さが必要になります。たとえば、よく金持ちはいっそう金持ちになり、貧しい人はいっそう貧しくなっていると言われます。しかし、こうした事態が実際に起きていたにせよ、決して一様《いちよう》にそうなっているのではありません。どの地域または集団を選択するかによって大きく変わりますし、経済的な豊かさを示すどの指標を使うかにも左右されます。こうした脆弱《ぜいじゃく》な基盤のうえで、経済のグローバル化をこきおろそうとしてみたところで、きちんとした批判にはなりません。

一方、グローバル化を擁護する人たちは、貿易や交流に参加すれば、貧しい人もたいがいは裕福になると力説します。グローバル化によって貧しい人びともまた潤《うるお》うのだから、不公平なわけはない、という主張です。

もしも、こうした主張が認められるならば、この議論のなかで、どちらが正しいかを決めることとなります。しかし、そもそもこれが議論を戦わすべき問題なのでしょうか？　私はそうは思いません。

グローバルな正義と取り決め

貧しい人びとが少しばかり裕福になったからといって、グローバルな経済交流によって本来もたらされる莫大な利益の分け前を、彼らが公平に得ているかというと、かならずしもそうではありません。国際間の不平等の少しばかりの変化を問うだけでは充分ではないのです。また、甚だしい不平等や配分における不公平が多少拡大していることに言及しても、すさまじい貧困に立ち向かい、現代世界の特徴である唖然《あぜん》とするような不平等と戦う——あるいは、グローバルな協力関係によって生じる利益の配分の不公平を防ぐ——ことにはなりません。これはまったく別の問題なのです。

協力関係によって利益が生まれる場合の取り決めについてはさまざまに考えられます。ゲーム理論家で数学者のジョン・ナッシュが半世紀以上前の一九五〇年に、「エコノメトリカ」誌で発表した「交渉問題」のなかで、それについて述べています(ナッシュのノーベル経済学賞受賞のとき、スウェーデン王立科学アカデミーもこの論文を賞賛しました)。

一般に重要なのは、特定の取り決めがあるほうがまったく協力のない場合よりも、すべての人にとっていいかという問題ではなく、むしろ、利益が公平に配分されているかどうかなのです。関係者すべての暮らし向きが、協力がない場合とくらべてよくなっていることを指摘するだけでは、配分方法が不公平だという批判に反論できません。ほんとうになすべきは、どう配分するのがいいのか、さまざまな選択肢のなかから選ぶことなのです。

家庭のたとえ

たとえて言うなら、家庭内の取り決めが女性にとってひどく差別的であると議論する場面で、家庭などないほうが女性はまともに暮らせる、と主張する必要はありません。その取り決めでは、利益の配分がきわめて不平等であることを示せばいいのです。（ここ数十年間のように）社会的な性差別に関する問題が表立って懸念事項となる以前は、家庭内の不公平に関する問題は、女性側が取り決めを不当と思うなら、家庭で暮らす必要はない、とほのめかされて終わりでした。また、女性も男性と同様に、家庭で暮らす恩恵をこうむるのだから、既存の取り決めが不公平なはずはない、とも主張されました。しかし、男性も女性も家庭生活によっておおむね得することが認められても、配分上の公平さをめぐる問題は残ります。いかなる家庭制度も存在しない場合とくらべれば、男女双方にとって有益となるような条件を満たす家庭の取り決めは、いくらでもあるでしょう。しかし、ほんとうの争点は、こうしたそれぞれの取り決めに関連した利益が、どれだけ公平に配分されているかをめぐるものなのです。

同様に、グローバルな制度は不公平だとする非難に反論する際に、貧しい人ですらグローバルな交流から何かしら得ていて、かならずしも、より貧しくはなっていないことを示しても仕方ありません。「貧者はいっそう貧しくなっているのか」との問いに、こう答えるのは間違っているかもしれないし、そうでないかもしれません。しかし、その質問のほうは明らかに間違っています。重要な争点は、貧しい人がさらに貧しくなったとか、豊かになったとかいうことではありません。あるいは、貧者がグローバル化の動きから締めだされていたら、より豊かな暮らしが送れるのかという問題でもありません。

ほんとうの争点はここでも、グローバル化による利益の配分なのです。実際、それだからこそ、グローバル化に反対し、世界経済の犠牲者の待遇を改善しようとする人びとの多くは——彼ら自身のレトリックとも、他人から見た彼らの見解とも異なり——ほんとうは「反グローバル化」の立場ではないのです。また、だからこそ、いわゆる反グローバル化運動こそが、現代の世界において特にグローバル化した事象となっていることに、本来、矛盾はないのです。

グローバルな取り決めを変える

しかし、市場経済そのものを廃止しなくても、これらのめぐまれない人びとは、グローバル化された経済と社会から、より多くの分け前を得られるのでしょうか？　もちろん、それは可能です。市場経済は、異なった所有の形態や、資源利用の可能性、社会的条件や、運用の規則（たとえば特許法、反トラスト法など）とも矛盾せずに役立てることができます。そして、これらの条件しだいで、市場経済は異なった価格や取引条件、所得配分を生みだし、より一般的にも種々の結果をもたらします。社会保障や公共機関が介在する制度があれば、市場プロセスの結果をさらに変えることも可能であり、それらがあいまって不平等と貧困の度合いをさまざまに変化させられるのです。

問わなければならない重要な問題は、市場経済を導入するかどうかではないのです。そのように表面的なことであれば、答えるのは簡単です。市場関係がもたらす交易の機会を幅広く利用しなければ、経済的な繁栄を達成するのは難しいからです。たとえ特定の市場経済の実態がきわめて欠点の多いものになったとしても、経済を発展させる強力なエンジンとして、市場を利用せずにすませることは不可能です。

しかし、こう認めたからといって、グローバル化した市場関係に関する議論はおしまいというわけではありません。市場経済はグローバルな関係のなかで独自に機能しているのではありません。一国のなかですら、市場経済だけでは動きません。市場も含めて制度というものは、資格や権利を与えるさまざまな条件（たとえば物的資源がどう配分され、人的資源がどう育成され、取引関係のどんなルールが通用していて、どんな社会保障制度がそなわっているか）しだいで、まったく異なった結果をもたらすのです。また、資格や権利を与えるこうした条件は、一国のなかで機能する経済、社会および政治の制度にも、世界全体のそれにも大きく左右されるのです。

市場のはたす決定的な役割が、その他の制度を無意味にしてしまうことはありません。市場経済が引き起こす結果としても、そのようなことはありえないでしょう。経験的な研究のなかで充分に立証されてきたように、市場が生みだす結果は教育、疫学、土地改革、小口金融機関、適切な法的保護などによって大きく影響されます。そして、これらの各分野には、国内および国際的な経済関係の結果を根本から変えうる、公共活動を通じておこなわなければならないこともあります。

制度と不平等

グローバル化は多くをもたらします。しかし、グローバル化を支持することと、なんら矛盾することなく、グローバル化に反対する人びとが突きつける多くの疑問の正当性も認めなければなりません。いちばんの問題がどこにあるのか（グローバル化自体にではありません）という点では間違っているかもしれませんが、これらの疑問を生じさせた倫理的、あるいは人道的な懸念は、現代世界の特徴であり、グローバル化した経済と社会の関係をかたちづくっている取り決めや制度にたいするものです。各国内あるいは国際制度上の取り決めの妥当性の見直しが真剣に求められています。

グローバルな資本主義は、たとえば民主主義の確立や、初等教育の拡充、または弱者の社会的機会の向上といった問題よりも、市場関係の範囲の拡大に多く関心があります。世界を繁栄させるには、市場のグローバル化だけではとうてい不充分ですから、グローバル資本主義が好んで取りあげる優先事項にはない問題にも、取り組む必要があります。ジョージ・ソロス〔国際的投資家〕が指摘したように、国際的な企業は得てして、反対運動があり統制のとれていない民主主義国よりも、秩序の整ったきわめて組織的な独裁主義国での活動をはるかに好みます。このことは公正な発展を後戻りさせかねません。そのうえ、治安の悪い第三世界諸国では、多国籍企業は公共支出の優先順位に影響力を行使することもできます。識字率の低さや医療不足の克服といった、貧しい人びとの窮状を改善することよりも、経営者や特権的労働者の安全や便宜を優先させるのです。もちろん、こうした問題が越えられない障壁となって発展をさまたげるわけではありません。しかし、それが越えられる障壁であるなら、実際に乗り越えられたかどうかを確かめることが重要なのです。

怠慢《オミッション》と遂行《コミッション》

世界各地で見られる不正は、さまざまな「怠慢《オミッション》」と密接に関連していますが、これには、きちんと取り組まなければなりません。問題はとりわけ制度的な枠組みに顕著に現われていま す。私は以前に『自由と経済開発』(2)のなかで、重要な問題の一部を明らかにしようと試みました。この場合、グローバルな政策はむしろ各国の制度の発展をうながす役割(たとえば、民主主義の擁護、学校教育や保健施設への支援によって)をになっていますが、グローバルな制度そのものの妥当性は見直す必要があります。グローバルな経済における利益の配分は、何よりもグローバルな制度の多様なあり方に左右されます。そこには、公正な取引、医療面の取り組み、教育分野の交流、科学技術の普及機関、生態学および環境上の規制などがどう扱われているのか、また過去の無責任な軍事支配者のせいで背負い込まされていることの多い累積債務が、適切に処理されているのか、といったことも含まれます。

改める必要のある重大な「怠慢」のほかに、「遂行《コミッション》」をめぐって、対処しなければならない深刻な問題もあります。なかには、基本的な国際倫理に関する問題すらあります。たとえば、貧困国からの輸出を抑制する非効率で不公正な貿易制限だけでなく、人命を救う医薬品——エイズのような病気のための——の使用を禁じる特許法も対処しなければならない「遂行」なのです。また、使用頻度の低い医薬品（たとえば、ワクチン）の開発を目的とした医療研究も特許法はあまり促進しません。こういった問題は、個別にはいろいろ議論されていますが、それらがどんなパターンをとって、どのように無用の制度と化し、グローバル化によってもたらされたかもしれない恩恵を損なっているかということにも、気がつかなければなりません。

あまり議論はされていませんが、極端な惨状と慢性的な困窮状態を引き起こしているグローバルな「遂行」のもう一つの例は、小型武器と兵器のグローバル化した取引に大国が関与している問題です。これは世界的な取り組みが緊急に求められている分野であり、テロ阻止の必要性――きわめて重大な必要性ですが、現在はテロ対策にあまりにも集中しています――以上に急を要するものです。特に貧困国の経済的な見通しに、破壊的な結果をもたらす局地的な戦争や軍事紛争は、地域的な緊張関係によって起こるだけでなく、世界的な武器取引によっても誘発されます。世界の権力機構はこのビジネスにどっぷり浸かりきっています。国連安全保障理事会の五常任理事国は、一九九六年から二〇〇〇年にかけての世界の武器輸出のうちの八一パーセントに関与していました。じつは、グローバル化に反対する人びとの「無責任」にたいして深いいらだちを示す世界の指導者たちが、この恐ろしいビジネスで最も稼いでいる国々を率いているのです。G8〔主要八ヵ国〕諸国は、全世界に輸出されている武器の八七パーセントを扱っていました。アメリカだけでも、世界の武器総売上の五〇パーセント近くのシェアがあります。それればかりでなく、アメリカの武器輸出の六八パーセントが開発途上国向けでした。

武器使用は流血をともないます。それは経済にも政治にも社会にも破壊的な影響をおよぼします。アフリカで冷戦が繰り広げられていた一九六〇年代から一九八〇年代、軍国主義政治が台頭したころ、列強が演じていたありがたくない役割が、ある意味では継続しているのです。軍の大立者――モブツ・セセ・セコ〔旧ザイールの大統領〕、ジョナス・サビンビ〔アンゴラの反政府勢力指導者〕といった面々――が、アフリカで社会や政治の制度を（最終的には経済の秩序も）破壊していたこの時代、彼らはどこと軍事的に結びつくかによって、アメリカとその同盟国側か、ソ連陣営側からの支援に頼ることができました。世界の大国は、アフリカで民主主義の転覆に手を貸した恐ろしい責任を負っているだけではありません。民主主義の転覆によってあらゆる方面にまでおよんだ負の結果にも責任があるのです。今日、アフリカやその他の地域で増大する軍事紛争に、武器を「密輸」することによって、大国は関与しつづけることになります。小火器の不正取引を（コフィ・アナン国連事務総長が提案したように）共同で取り締まることにたいして、アメリカが合意すら拒んだ事実は、この問題の難しさを証明しています。

グローバルな機会の公正な配分

それでは、まとめに入りましょう。グローバル化を西洋化と混同することは、歴史にそぐわないだけではありません。グローバルな統合によってもたらされるはずの多くの利点から、人びとの関心をそらせることにもなります。グローバル化は過去に多大な機会と報酬を生みだした歴史的なプロセスなのであり、それは今日もつづいています。グローバル化がもたらしうる大きな利益の存在自体が、それによる利益の公正な配分をめぐる問題を、これほど重大なものにしています。

中心となる争点は、グローバル化そのものの是非ではなく、市場の利用の善し悪しでもなく、じつは制度的枠組みが全体的にバランスを欠いていることなのです。それがグローバル化による利益の配分を、いちじるしく不公平なものにしているのです。各国内および国際的な制度的枠組みの改革には、早急に乗りだす必要があります。それによって「怠慢」のあやまちも、「遂行」のあやまちも克服し、世界中の貧しい人びとに、これほど限られた機会しか与えていない原因を取り除かなければなりません。グローバル化を擁護するのは道理にかなっているのですが、そのためには改革もまた必要なのです(3)。

民主化が西洋化と同じではない理由

西洋の思想と西洋以外の伝統

アメリカとその同盟国がイラクで推し進めている民主主義の今後が、ますます疑いの目で見られているのは不思議ではありません。占領の目的はどう見てもあいまいですし、民主化のプロセスにも明快さが欠けるため、こうした疑念が生じるのは避けられないのです。しかし、イラク民主化の展望がこのように不確かだからといって、イラクに民主主義を実現させる一般的な可能性——むしろ、その必要性——を疑問視するのは重大なあやまちでしょう。それは、民主主義が実現できていない他の諸国についても言えることです。

また、各地の民主化闘争に、全世界が援助の手を差し伸べにくくなる理由にもなりません。民主主義の問題は、現代がかかえる最も深刻な課題なのです。世界各地の民主化運動（かつての南アフリカ、アルゼンチン、インドネシア、今日のビルマ〔ミャンマー〕、ジンバブエなど）は、政治に参加し発言力をもつために戦おうとする人びとの決意を反映しています。現在、イラクで起きている出来事については、イラク特有の背景のなかで理解すべきです。

近年、民主主義を擁護することに関して、国際的に多くの支持を得て、特にアメリカとヨーロッパで外交上の議論に影響を与えている反対意見が二つあります。これについては、もっと広い観点からの検討が必要でしょう。一つは、民主主義は貧しい国で何をなしとげられるのか、という疑問です。民主主義は開発のプロセスを阻害して、経済や社会を変革するための優先事項――充分な食料の供給、一人当たりの所得の増加、制度的な改革の実現など――について、人びとが関心をもつのをさまたげる障壁なのでしょうか？　民主主義の政治はきわめて狭量なものになる可能性があり、民主主義国では有力な多数派に属さない人びとは苦しめられる、とも主張されます。権威主義的な統治が与える保護のほうが、弱者にとってはありがたいのでしょうか？

もう一つの反対意見は、民主主義を「知らない」とされる人びとに民主主義を推進することへの歴史的および文化的な疑念に凝縮されています。原則としてすべての人に民主主義を保障しようとすると、その試みが国内組織および国際機関、あるいは人権活動家によるものであっても、しばしば激しい非難を浴びます。欧米以外の社会に、西洋の価値観と慣習を押しつけているからというわけです。こうした主張は、現代の世界では、民主主義がきわめて西洋的な慣習である――まさにそのとおりなのですが――と認めるだけではすみません。民主主義は、ヨーロッパのなかだけで長いあいだ隆盛をきわめ、そのルーツは明らかに西洋の思想だけに見いだせるもの、というところまでいきつくのです。

こうした疑問は正当ですし説得力があります。かなり執拗《しつよう》に問われつづけたものでもあります。しかし、ほんとうに確かな根拠にもとづいているのでしょうか？　そうではないと証明するには、これらの批判がたがいにまったく関連していなくもないことに注目する必要があります。実際、二つの見解の欠陥は、そもそも民主主義を、ひどく狭く限定して見ようとすることにあるのです。なかでも問題なのは、どちらも公開選挙という見地からのみ民主主義を解釈し、ジョン・ロールズ〔アメリカの倫理学者〕が「公共の理性の実践」と呼んだ、広い見地から見ていないことです。ロールズのこの見方には、市民が政治議論に参加して、公共の選択に影響をおよぼす機会が含まれています。民主化を非難する二つの見解が、それぞれどこでどう間違えているのか理解するには、民主主義が求めているのは、投票箱だけではない、と正しく認識する必要があります。

確かに、選挙はとても重要な手段ですが、市民社会における議論に効力をもたせる方法の一つにすぎません。しかも、投票する機会とともに、脅かされることなく発言し他の意見をきくことができる機会があれば、のことなのです。選挙のもつ効力も、その影響がおよぶ範囲も、公の場の開かれた議論の機会があるかどうかで決定的に変わります。選挙制度だけではなんとしても充分ではありません。それは、スターリンのソ連からサダム・フセインのイラクにいたるまで、権威主義体制下の選挙で、独裁政権が驚くべき勝ち方をしてきたことで充分に証明されています。こうしたケースの問題点は、実際の投票行動で有権者が圧力をかけられることだけでなく、検閲制度、反体制派の弾圧、市民の基本的な権利および政治的自由の侵害などを通じて、公の場における議論ができなくなることにもあるのです。

投票の自由をはるかに超えた、もっと広い見地から民主主義を見る必要性は、現代の政治哲学だけでなく、社会選択理論や公共選択理論などの新しい分野でもさかんに論議されています。こうした問題は政治思想と同じくらい、経済学の理論からも影響を受けます。議論を通じて意思決定をするプロセスによって、社会や個人の優先事項に関する情報は増えるでしょう。そうなれば、優先事項は社会的な討議によって変化するかもしれません。公共選択理論の主唱者であるジェームズ・ブキャナン〔アメリカの経済学者〕が述べたように、「民主主義を『議論による政治』として定義することは、意思決定のプロセスで個人の価値観が変わる可能性があり、そして実際に変わることを意味する」のです。

こう考えると、国際情勢に関する議論で選挙に重点がおかれていることに疑問がわいてきます。また、サミュエル・ハンチントンが『第三の波——20世紀後半の民主化』のなかで明らかにしている見解、すなわち「自由で平等な公開選挙は民主主義の神髄であり、絶対必要条件(1)」という考え方の妥当性にも疑いをいだかざるをえません。〈公共の論理〔公共の理性にもとづく思考や推論〕〉によるより広い考え方では、民主主義は政治思想上もその実践においても、公の場の自由な議論と相互の協議を保障することに主眼をおかなければなりません。それは単に選挙によるだけでも、あるいは選挙のためだけのものではないのです。ジョン・ロールズが述べたように、そこで必要とされるのは、「原則の多様性——多元主義という事実」を保障することなのです。これは「現代の民主主義国の公共文化」にとってきわめて重要ですし、「基本的な権利と自由」によって、民主制のなかで守られなければならないものです。[2]

〈公共の論理〉というより広い観点から民主主義を見ると、現在、特に「民主制」とみなされている慣例の狭い歴史の枠内だけに、そのルーツがあるわけではないことがわかります。こうした基本的な認識を、トクヴィル〔フランスの政治家・歴史家〕は充分に理解していました。一八三五年に書かれた『アメリカの民主政治』のなかで、彼はこう述べています。当時、起こりつつあった「民主主義の大革命」は、ある観点からすれば「新しいもの」とみなせるけれども、より広い視野に立てば、「歴史のなかで知られていて、大昔から脈々とつづいてきた恒久的な傾向」[3]の一部とも理解できる、と。

トクヴィルは歴史上の事例をヨーロッパに限定して（七〇〇年前のフランスで一般市民に聖職者の地位を認めたことによる民主化への貢献）考えていましたが、彼の主張はきわめて広い範囲に当てはまるのです。

多元主義、多様性そして基本的な自由が擁護されてきた事例は、多くの社会の歴史に見いだせます。たとえば、インド、中国、日本、韓国、イラン、トルコ、アラブ世界それにアフリカの多くの地域には、政治や社会、文化などの問題について長年、公の場における議論を奨励し擁護してきた伝統があります。そうした事実は民主主義思想の歴史で、もっとしっかりと認識されるべきでしょう。世界各地のこの伝統だけでも、民主主義は西洋の考え方である、したがって西洋化の一つの形態にすぎない、とたびたび繰り返されてきた見解に、疑問を投げかける充分な根拠になります。このような歴史認識は現代政治に直接かかわってきますし、それはまた社会的な討議と多元的な交流を支持し促進してきた世界の伝統に、目を向けさせることにもなります。こうしたものは、それらが擁護されていた過去の時代とくらべても、今日なお重要性を失っていません。

ネルソン・マンデラ〔南アフリカ前大統領〕は自伝『自由への長い道』のなかで書いています。少年の頃、ムケケズウェニの長老の家で開かれた集会が民主的なかたちで進められるのを見て、どれほど感銘を受けたか、と。

発言したい人は誰もが話をした。それは最も純粋なかたちの民主主義だった。発言者のなかには、重要な人物もいれば、そうでない人もいたかもしれないが、どの人の発言も、族長であれ家来であれ、戦士であれ呪医《じゅい》であれ、商人であれ農民であれ、地主であれ労働者であれ、みな耳を傾けてもらえた。……自治の基本は、すべての人が自由に発言し、市民として同等の価値を認められることだった。[4]

アフリカの偉大な人類学者、マイヤー・フォーテスとエドワード・E・エヴァンズ＝プリチャードは、六〇年以上前に出版された『アフリカの伝統的政治体系』という古典的な著書のなかで、「アフリカの国家の構造を見れば、王も族長も同意にもとづいて支配していることがわかる」[5]と述べています。のちに批評家が批判しているように、これはいささか一般化しすぎているかもしれません。しかし、アフリカの政治的な伝統のなかで、説明責任と意思決定への参加がはたしてきた役割が、いまも重要でありつづけているのは、ほとんど疑う余地がありません。こうしたことすべてに目をつぶって、アフリカにおける民主化の戦いを、民主主義という「西洋の思想」を海外から輸入する試みとだけみなすのは、大きな考え違いでしょう。マンデラの「自由への長い道」は、明らかに国内から始まったものでした。

現代世界で、民主的な社会参加の必要性がアフリカほど強く求められているところはありません。イギリス、フランス、ポルトガルおよびベルギーのつくった帝国が終焉《しゅうえん》を迎えたあと、二〇世紀末には権威主義と軍事支配が横行したため、アフリカ大陸はひどい苦難を強いられました。アフリカは不幸なことに、超大国のそれぞれが、冷戦のさなかで自陣営には友好的で他と敵対する軍事支配者を育成しだした、その渦中に取り込まれました。武力によって文民支配をくつがえした者が軍事的な関係を結ぶ相手として、超大国の友人を欠いたためしはありません。一九五〇年代のアフリカでは、独立したばかりの国々で民主政治が発展するかのように思えました。それがまもなく、冷戦の対立状態のなかで、東西両陣営のどちらかと結びついた独裁者の一団によって牛耳《ぎゅうじ》られるようになりました。彼らはアパルトヘイト体制下の南アフリカ顔負けの、専制政治をおこなったのです。

そうした状況がいまは少しずつ変わりつつあり、アパルトヘイトを終わらせた南アフリカが指導的な役割をになっています。しかし、アンソニー・アッピア〔ガーナの哲学者〕が述べたように、「植民地がイデオロギー面で自立するにあたって、内部の『伝統』と外部からの『西洋の思想』のいずれかを無視すれば、失敗に終わるはめになる」[6]のです。

たとえ欧米社会で発達した民主制が受け入れられ実行に移されることになっても、それをやりとげるには、アフリカ独自の民主主義思想の深いルーツも充分に理解しなければなりません。アフリカ以外の非西洋世界においても、民主政治を導入または強化する際には、程度の差こそあれ同様の問題が生じます。

古代ギリシャと西洋の伝統

民主主義が本質的に西洋の概念だという考えは、古代ギリシャでおこなわれた選挙、とりわけ紀元前五世紀以後のアテナイでの選挙と、結びつけられることがあります。民主主義の思想と実践の発展で、アテナイの直接民主制がはたした目覚しい役割は、確かに注目する必要があります。そもそもの始まりは、紀元前五〇六年頃、政治家クレイステネスが一般市民による投票にたいするパイオニアとなったことでした。「デモクラシー」という言葉は、ギリシャ語の「人民」(デモス)と「権力」(クラティア)に由来しています。もちろん、アテナイの人びとの多く――特に女性と奴隷――は市民とみなされず、投票権をもっていませんでしたが、政治権力を分割したアテナイの慣例は、非常に意義があったと無条件に認めていいと思います。

しかし、だから民主主義は基本的に西洋の概念である、としてよいのでしょうか? このように考えるには、大きな問題点が二つあります。第一の問題点は、〈公共の論理〉の重要性とかかわっています。そこから、一般市民による投票という狭い考え方の範囲を超える必要性が見えてきます。古代ギリシャ全体がそうでしたが、アテナイは特に市民社会のなかの議論を奨励することでは、群を抜いていました。とはいえ、この点でギリシャが特殊だったわけではありません。古代文明のなかで、ギリシャ以外にもやはり寛容、多元主義、そして社会における討議をつちかってきた長い歴史があります。

第二の問題点は、文明を地理的な相関関係で区切り、西洋の伝統の本質は古代ギリシャと同じとみなされていることです。ヨーロッパでも地域ごとに多様な歴史があることを考えると、これは理解しにくいばかりでなく、西洋の文明全体を古代ギリシャに集約することにより暗に示された、人種によって文化は定まるという考え方を見逃すわけにもいきません。

この考え方からすると、ゴート族や西ゴート族〔いずれもローマ帝国に侵入したゲルマン民族の一部族〕、およびその他のヨーロッパ民族の子孫をギリシャの伝統の継承者（「彼らはみなヨーロッパ人」）とみなすことになります。その一方で、ギリシャ人が古代のエジプト人、イラン人およびインド人と、知的なかかわりをもっていた点にはなかなか目を向けようとしなくなります。当時の記録に残されているように、古代ギリシャ人自身は（古代のゴート人と談笑する以上に）、東方の民族と語りあうことに大きな関心をいだいていたのですが。

古代ギリシャ人たちの東方の民族との対話は、しばしば、民主的な考え方に関係のある問題と直接的にも間接的にもかかわっていました。インドに遠征したアレクサンドロス大王〔在位、前三三六―三二三〕は、ジャイナ教徒の哲学者の一団がこの大征服者に敬意をほとんど示さなかったため、どうしてなのかとたずねました。すると、不平等を当り前とする考えに疑問を投げかける、次のような答えが返ってきました。

「アレクサンドロス王よ、人間は誰しも、いまこうして立っている地球の表面しか所有することはできません。あなたもまた、わたしたちと同じ人間にすぎないのです。しかるに、あなたはいつも忙しく動きまわってよからぬことをたくらみ、故郷を遠く離れて旅をつづけ、あなた自身にも、他の人びとにも迷惑をかけているのです！……あなたもじきにこの世を去るでしょうし、そうなれば、わずかに埋葬に必要な土地だけがあなたのものなのです」

アリアヌス〔ギリシャの歴史家〕によると、アレクサンドロス大王は、平等を主張するこのような非難の声を聞いて、ディオゲネス〔ギリシャの哲学者〕と出会ったときと同じように賞賛してみせました。もっとも、実際の行動が変わったわけではなく、「このとき賞賛をよそおったのとは正反対の行動」を彼はとったのですが。

近隣諸国に住む人びとに共通する民族的な特徴をもとに考え方の広がりを分類してみても、思想の歴史をまとめることはとうていできません。また、このような分類の仕方では、知的な影響がどのように伝わるのか考慮されていませんし、民族ではなく思想によって結びついた世界では、同時進行の発展がどのように起こるのか、といったことも斟酌《しんしやく》されていません。ギリシャにおける民主政治の体験が、〔東方の国々ではなく〕ギリシャとローマより西にある、たとえば、フランス、ドイツ、イギリスなどの国々に、じかに大きな影響を与えたことを示す証拠はないのです。一方、この時代のイラン、バクトリア〔北アフガニスタン〕、インドなどにおけるアジアの都市には、主にギリシャの影響を受けて、統治に民主主義の要素を取り入れたところがありました。たとえば、アレクサンドロスの時代から数世紀後に、イラン南西部の都市スーサには選挙で選ばれた評議会と民会があり、評議会が推薦し民会が選出した行政官がいました。この時代のインドとバクトリアには、地方レベルで民主政治がおこなわれていたことを示す証拠がかなりあります。

もちろん、こうした試みは、ほぼ完全に地方の政治にかぎられていましたが、それでも世界の民主主義の歴史のなかで、これら古代の直接参加型の統治がはたした役割を、取るに足らないものとして退けるのは間違っているでしょう。それらを軽視することがいかに深刻な問題であるかは、民主主義の歴史において地方政治がになってきた特殊な重要性と照らして評価しなければなりません。

たとえば、この時代から一〇〇〇年以上を経た一一世紀以降、イタリアに出現する都市共和国などです。ベンジャミン・I・シュウォーツ〔アメリカの歴史学者〕が名著『古代中国における思想の世界』(7)のなかで指摘したように、「アテナイの『民主主義』の記憶が残る西洋の歴史においても、広い国土で高度な中央集権を必要とする国家では、民主主義は実現できないという考え方が、モンテスキュー〔フランスの啓蒙思想家〕やルソー〔フランスの哲学者・作家〕の時代まで、見識として受け入れられていた」のです。

実際、こうした歴史を振り返ってみれば、民主主義の考え方が遠い存在ではなかったことに気がつきます。一九四七年の独立に際しておこなわれた政治議論によって、インドは完全に民主的な憲法を制定するにいたり、二〇世紀最大の民主主義国になりました。このときの議論は、欧米諸国がそれまでの民主政治で経験してきたことを参考にしただけでなく、インド本来の伝統にも立ち返ったものでした。ジャワーハルラール・ネルー〔インドの初代首相〕は、アショーカ〔在位、前二六八頃―前二三二〕やアクバルなど、インドの皇帝の統治方法に見られた異教や多元主義への寛容性を特に強調しました。こうした寛容な政治体制のもとで公の場における議論が奨励されてきたことが、現代のインドの複数政党制につながったのです。

じつは、インドが独立した当初、「インド古来の政治組織」が二〇世紀におけるインドの政体の手本となりうるのかという問題をめぐり、かなり議論がかわされました。もっとも、この考えは、一七七六年にアメリカ合衆国憲法が制定された際に、紀元前五世紀のアテナイの慣例に則したかたちで草案を練ることが非現実的であった以上に、実際には意味のないことでした。インドの憲法起草委員長だったB・R・アンベードカルは、インド各地でおこなわれてきた民主政治の歴史を詳しく調べ、それが現代インドの民主主義の規範となりうるか検討しました。規範にはなりえない、というのがアンベードカルの結論でした。それは、地域偏重によって

「視野の狭い自民族中心主義」になってしまうからでした。彼は「こうした村単位の共和政体が、インドを荒廃させた」とまで述べて、過去にインドで実践されていた民主制は現代の手本とするにはふさわしくない、と断定しました。

しかし、アンベードカルは、インドには歴史的に〈公共の論理〉があったことの意義を見逃しませんでした。特に、異なる意見を述べることができ、不平等の拡大には昔から批判的だったことを重視しました。ここには、ネルソン・マンデラが現代のアフリカで多元的な民主主義を主張するうえで、アフリカ独自の〈公共の論理〉の伝統を前面に押しだしたことと、きわめて似通ったものがあります。

聖徳太子の「十七条憲法」

民主主義の歴史に関して定評のある文献では、よく知られた政治思想家たちの対比がさかんにおこなわれています。プラトン〔前四二七—三四七〕とアリストテレス〔前三八四—三二二〕、あるいはマルシリオ・ダ・パドヴァ〔一二七五—一三四三〕とマキャヴェリ〔一四六九—一五二七〕、ホッブス〔一五八八—一六七九〕とロック〔一六三二—一七〇四〕、などなどです。これはこれでもっともだと思います。しかし、〈公共の論理〉の理想がおよんだ範囲を分析するにあたって、中国、日本、東アジア、東南アジア、インド亜大陸、イラン、中東、そしてアフリカにある膨大な知的遺産はほぼ全面的に無視されてきました。これは、社会における建設的な討議と切り離せないものとしての、民主主義思想の本質とその効力が、充分に理解されていないことを意味します。

〈公共の論理〉の理想は、特に注目に値する二つの社会的慣習と密接にかかわっています。それは、異なった見解にたいして寛容であること（および反対意見の許容）と、公の場における議論の奨励（および他者から学ぶ価値を認めること）です。寛容も公の場で自由に参加できる議論も、西洋の伝統固有の——ことによると唯一の——特徴だとよくみなされます。こうした認識は、どの程度正しいものでしょうか？　確かに、寛容は近代の欧米諸国の政治に見られる顕著な特徴でした（ナチス・ドイツのように極端に逸脱したものや、イギリス、フランス、ポルトガルなどの帝国がアジアとアフリカでおこなってきた不寛容な統治は別ですが）。

しかし、西洋の寛容を西洋以外の独裁支配と、歴史上はっきり区別することはできません。たとえば、一二世紀にユダヤの哲学者マイモニデスが偏狭なヨーロッパから移住を余儀なくされたとき、彼はアラブ世界に寛容な避難所を見いだしました。カイロのサラーフ・アッディーン帝の宮廷で名誉と影響力のある地位を得たのです。このアッディーン帝は、十字軍が遠征した際に、イスラム側で激しく抵抗したあの「サラディン」です。

マイモニデスの経験が特別だったわけではありません。現代世界ではイスラム教徒とユダヤ教徒の紛争ばかりが目につきますが、イスラムの支配者はアラブ世界でも中世のスペインでも、ユダヤ人を社会の一員として迎え入れていました。ユダヤ人の自由が——ときには指導的な役割すら——尊重されてきました。マリア・ロサ・メノカル〔アメリカの言語学者〕が著書『寛容の文化』[8]のなかで述べているように、一〇世紀にイスラム支配下にあったスペインのコルドバが「地上で最も文明的な場所の称号をバグダッドと対等に、あるいはバグダッドをしのぐ勢いで競った」事実は、カリフのアブド・アッラフマーン三世と、その大臣でユダヤ人のハスダイ・イブン・シャプルートが力を合わせた結果でした。実際、メノカルが主張するように、イスラム勢力に征服されたあと、ユダヤ人の地位は、それまで「少数派として迫害されていた人びとが保護されるようになるにつれ、あらゆる面において改善され」ました。これについてはかなりの証拠があります。

また、一五九〇年代のインドで、ムガル帝国のアクバル帝が、多元主義と公の場における議論がはたす建設的な役割を信じて、寛容が必要であることを宣言しています。異なった宗教（ヒンドゥー教、イスラム教、キリスト教、パールシー教、ジャイナ教、ユダヤ教、さらに無神論者にいたるまで）の人びとと対話する努力をつづけていたのです。ヨーロッパでは依然として異端審問がつづいていました。その頃、アクバルはアグラ〔ムガル帝国の首都〕で寛容について説いていたのです。

しかし、西洋以外の社会は西洋社会よりも寛容だった、と主張する罠におちてはなりません。そうした一般化はできないからです。世界を分断する深い境界線と言われるもののどちら側にも、寛容な事例は多数あり、また非寛容な例も同じくらいあるからです。正しく改める必要があるのは、寛容の問題では西洋だけが特別だったとする、不充分な研究にもとづく主張なのです。だからといって、同じくらい気まぐれに一般化した反対意見を唱える必要はありません。

公の場における議論の伝統に関しても、同様の指摘ができるでしょう。ギリシャとローマの伝統は〈公共の論理〉の歴史にとって特に重要なものです。しかし、古代の世界でギリシャとローマだけが特別だったわけではありません。仏教徒の知識階級もまた、社会における討議の重要性を認めていました。そして、インドや東アジア、東南アジア各地で、信仰関連あるいは世俗の事柄が広範に伝達されました。特に、異なる意見をめぐる争いの解決を目的とした公開の一般集会が、早い時期から開かれるようになりました。

「結集《けつじゆう》」と呼ばれるこうした仏教会議の第一回目は、ゴータマ・ブッダ（釈迦）が死去してまもなく開かれ、主に教義や宗教活動における論争を解決することを目的としていました。それと同時に社会や市民の義務として何が求められるかが検討され、異論のある問題についての開かれた議論が慣例となりました。

最大規模となった三度目の結集は、紀元前三世紀に、当時のインドの首都パータリプトラで、アショーカ王の後援のもとに開かれました。パータリプトラは現在はパトナと呼ばれ、最もよく知られているのは、上質のインディカ米の産地としてかもしれません。社会的な討議の必要性を信じていたアショーカにとって、暴力も憎悪もなく公の場で議論することが、とりわけ重要でした。このことはアショーカがインド各地に——一部は国外にも——建てた石柱に刻まれた碑文にもよく反映されています。〔南インドにある碑に刻まれた〕エラグディの勅令は、この問題を力強く訴えています。

ダルマ〔正しいおこない〕に不可欠なものを発展させるには、さまざまな方法がある。しかし、その根本は、発言に際して節度をわきまえることにあり、それによって自分の属する集団を褒《ほ》めそやすことなく、理由もなく他の人びとの集団を誹謗《ひぼう》せず、また、たとえ理由があったとしても穏健を心がけることなのだ。一方、他集団はすべての場合において、あらゆるかたちで、充分に尊重されるべきだ……。このように振る舞わない人は、自らの集団に迷惑をかけるばかりでなく、他集団にも害をおよぼすことになる。実際のところ、ある人が自らの集団を褒めたたえ他集団を非難し、それが単なる愛着ゆえに自らの集団を賞賛するものであれば、そうした行動は自らの集団に甚大な損害を与えることになる。

公の場における議論と情報伝達に関しては、中国、韓国、日本における初期の印刷物のほとんどが、教えを広めようとした仏教徒の技術者によるものだったことにも注目すべきでしょう。印刷術の発展は、主に仏教の教えを広めようとする人びとの、強い責任感（および同情と慈悲心）によって後押しされてきたのです。それによって情報伝達の可能性は大きく変わりました。もともと布教のためと考えられていた印刷術がもたらした革新は、情報伝達を大いに発展させ、そのことで社会的な討議の機会は飛躍的に拡大したのです。

仏教学者が信徒だけでなく一般の人びとにも教えを広めようと努力したことは、民主主義のルーツが世界各地に見いだせることと大いに関係しています。こうした情報伝達活動は、ときには反体制的であるとみなされることもありました。たとえば、七世紀に仏教弾圧運動の先頭に立った儒者、傅奕《ふえき》は、仏教徒に関して唐の皇帝に次のような申し立てをしています（今日の中国で、法輪功の「無規律」にたいして当局が怒るのと似たようなものです）。

「仏教は中央アジアから、異様かつ野蛮な方法で中国に浸透したものです。当初はあまり危険な存在ではありませんでした。しかし、漢の時代から、インドの書物が中国語に翻訳されはじめました。しだいしだいに、これらの宣伝活動は主君への忠誠に悪影響を与えだし、孝心が薄れはじめています。人びとは剃髪《ていはつ》するようになり、主君にも先祖にも礼をつくさなくなってきました」

一方、議論を重ねることでおたがい学びあう場合もありました。実際に、中国とインドのあいだでは紀元後一〇〇〇年間に、科学、数学および文学の各分野でさかんに交流があり、仏教学者はそこで重要な役割を演じました。

七世紀初めの日本では、叔母である推古天皇の摂政《せっしょう》をつとめていた仏教徒の聖徳太子が遣隋使を送り、芸術、建築、天文学、文学、および宗教の知識（仏典のほか、道教、儒教の経典を含め）をもち帰らせただけでなく、六〇四年には「十七条憲法」として知られる、かなりリベラルな憲法を制定しています。十七条憲法は、六〇〇年後の一二一五年にイングランドで調印されたマグナ・カルタにも似た精神をもち、こう主張しています。

「それ事は独り断《さだ》むべからず。かならず衆とともに論《あげつら》うべし」

またこう述べています。

「人の違うことを怒らざれ。人みな心あり。心おのおの執《と》るところあり。彼是《ぜ》とすれば、則ちわれは非とす。われ是とすれば、則ち彼は非とす」

日本が「民主主義に向けて徐々に歩みはじめた第一歩」と中村元〔哲学者・仏教学者〕が呼んだものが、七世紀につくられたこの憲法に見られるのは、驚くべきことではありません。

実際、世界各地でさまざまな時代に、人びとに情報を知らせ多くの意見を取り入れようと、真摯《しんし》な努力が傾けられた事例は数多く見られます。たとえば、イスラム教が登場したのちの一〇〇〇年間にアラブ文化が大いに繁栄したのは、この地域固有の創造性が外の世界からの知的影響を受け入れる開放性と結びついた顕著な例です。これは科学と文化にとって、特に重要な意味をもっていました。こうした影響は、しばしばまったく異なった信仰をもち、異質の政治制度で暮らす人びとによってもたらされました。ギリシャの古典は――もっと特殊な分野ではインドの数学もまた――アラブの思想に深い影響を与えました。

こうした実績をあげるうえで、正規の民主政治が関与したためしはありません。しかし、そこで達成されたもの――アラブの哲学、文学、数学および科学のみごとな開花――が優れているのは、この土地固有の独創性ゆえだけでなく、知識、科学技術そして政治にも影響を与えた開放的な〈公共の論理〉が輝かしい成果をもたらしたからなのです。

このような開放性の背後にある考えを、七世紀の初めにアリー・ビン・アブー・ターリブ〔イスラム教の指導者〕が次のように明言しています。「心ほどあなたを豊かにする富はない。うぬぼれほど人を孤立させ、みじめにさせるものはない」

こうした考えは、国連の報告書『アラブ・ヒューマン・ディベロプメント・リポート二〇〇二年』に引用され、現代社会にも通じることが示されました。一方、ヨーロッパは特別であると主張することによって、アラブだけでなく西洋以外の世界の国々に、それぞれ〈公共の論理〉の歴史があったことに気づかなくなってしまいます。

インドと中国の場合

民主主義の考えのなかで、〈公共の論理〉が重要であるのを無視することは、民主主義思想の歴史をゆがめおとしめてしまいます。それればかりでなく、民主主義を機能させると同時にその達成のために重要なプロセスから、人びとの注意をそらすものでもあります。

世界各地にある〈公共の論理〉のルーツに目をつぶることは大きな損失であり、現代社会で民主主義が占める位置とその役割を、充分に理解するうえで障害にもなります。人びとが何を要求し何を批判すべきかを自ら決め、どう投票すればよいのか判断できるようにするには、成人の選挙権を拡大し、公正な選挙を実施するだけでは充分でありません。検閲を受けない自由な討議の場が必要なのです。

民主主義国では飢饉は起こらない、とよく言われますが、ここでこの問題について考えてみましょう。飢饉が起こるのは、帝国の植民地（英領インドでかつて発生したように）か、軍事独裁政権（近年の例で見れば、エチオピア、スーダン、ソマリアなど）か、一党独裁の国家（一九三〇年代のソ連や、一九五八年から六一年にかけての中国、一九七〇年代のカンボジア、つい最近の北朝鮮のように）だけなのです。民主主義国では飢饉が起こったとなると、政府は世論の批判にもちこたえられません。選挙で負ける恐れもあります。新聞などのメディアが独立していて検閲を受けず、野党が政府を自由に批判できる場合には、世論から厳しく非難されるでしょう。とはいえ、飢饉で被害を受ける人の割合は、いつもそれほど多くはありません（全人口の一〇パーセントを超えることはめったにないのです）。したがって、情報の共有と公の場での開かれた議論を通じて、世論の同情がかきたてられない国では、飢饉は政府にとって政治的な悪夢にはならないのです。

インドは一九四七年に独立するまで飢饉を経験――最後に起きた一九四三年のベンガル飢饉では、二〇〇万から三〇〇万人が餓死――しましたが、複数政党による民主主義が確立した途端、こうした大惨事は起こらなくなりました。かたや中国では、一九五八年から六一年に史上最大の飢饉が起こり、いわゆる「大躍進」で集産主義が大失敗に終わったことから、二三〇〇万から三〇〇〇万人が死亡したと推計されています。

民主主義は、飢饉のように目立つ大惨事を防ぐ際には、ほとんど無理なく効果をあげられます。しかし、恒常的であっても極端ではない、栄養不良や不健康といった現実は、なかなかうまく政治問題にできません。インドでは、手遅れにならないうちに介入することで、飢饉は問題なく防げています。しかし、さほど差し迫っているように見えない困窮状態には、世間の関心が集まりにくいのです。たとえば、特定の地域でひそかに進行していながら、極端な事態にはならない飢えとか、基本的な医療水準の低さといったものです。

民主主義がインドで成功していないわけではありません。しかし、特定の地域で起こる飢えのような、さほど目立たない困窮状態にたいして、〈公共の論理〉がはたらいた場合に、民主主義社会が達成できる水準にはまだほど遠い状態です。

少数派の権利を守ることに関しても、同様の批判ができるでしょう。多数決原理では、公の場における議論によって、少数派の権利が政治的に充分注目され、世論の後押しを得られる状況になる必要があります。そうでないかぎり、少数派の権利が保障されたことにはなりません。二〇〇二年にインドのグジャラート州で起きたのは、少数派の権利をふみにじる事態でした。政治的にたくらまれた反イスラムの暴動が、ヒンドゥー教徒によるこれまでにない偏狭な暴力沙汰にまで発展し、州議会選挙でヒンドゥー分派主義の与党が勝利したのです。

インドで政教分離と少数派の権利がどれほど徹底して守られるようになるかは、この問題に関して、公の場における議論がどの範囲までどれだけ活発におこなわれるかに左右されるでしょう。民主主義が、単に開かれた選挙というばかりではなく、より一般的な〈公共の論理〉のかたちで理解されるようにするには、民主主義をいっそう強化する必要があります。

民主制度が確立されている国においても、より厳密でより積極的な〈公共の論理〉の必要性があると指摘するのは無駄なことではありません。人びとは一般に報道される事柄にも、寛容と人間愛を訴える声にも反応を示すものなのです。これは〈公共の論理〉がはたす役割の一部なのです。グジャラート州で暴動があった年の一二月の州議会選挙でヒンドゥー分派主義が勝利したあとのインドでも、ある程度そのような反応が起きる可能性は残されています。インド人民党（ＢＪＰ）は、グジャラートにおける政治工作に成功しましたが、そのあと各地でおこなわれた州議会選挙では同じような具合にはいきませんでした。ＢＪＰは二〇〇三年初めに実施された四つの州の選挙でいずれも敗北しました。特にそれまで政権をになっていたヒマーチャルプラデシュ州では、国民会議派の四〇議席にたいして一六議席しか確保できない大敗を喫しました。そのうえ、グジャラート州のアーマダバード市長選挙では、国民会議派のイスラム教徒の女性が当選しました。ここはわずか数ヵ月前に、州内でもきわめて激しい反イスラム暴動が起こった場所でした。

このように多くのことは、この先、〈公共の論理〉がどれほど強く、どの範囲まではたらくかにかかっているのです。こうした問題を考えると、かつてインドで、〈公共の論理〉を擁護した人びとが提起した議論が思い起こされます。アショーカやアクバルによる分析は、今日でもまったく意義を失っていないのです。

〈公共の論理〉がはたす複雑な役割は、ここ数十年間に中国とインドが、医療や平均寿命などの分野でなしとげてきた実績を比較するとよくわかります。この問題はたまたま、中国でもインドでもずっと以前から、著名な文明批評家の関心事となってきました。五世紀にインドを訪れ、一〇年間滞在した中国の僧、法顕は、パータリプトラにおける公共医療に感嘆し、どんな処置がとられているか詳細に書いています。のちに七世紀にインドへ行った僧、義浄は、もっと対抗意識をあらわにこう主張しました。

「鍼灸《しんきゅう》や指圧による治療に関しては、中国は［インドに］負けたことがない。長寿の薬は中国だけで見つかっている」

両国が仏教で結ばれていた時代のインドでは、中国の慣習に関して、さまざまな議論が交わされていました。

二〇世紀半ばには、中国とインドの平均寿命はどちらも四五歳前後でした。しかし、中国は革命後（革命中から取り組まれていましたが）、政府の肝いりで医療と教育が改善されました。インドの控えめな行政ではとうていかなわない勢いで、医療の水準が一挙に上がったのです。一九七九年に中国で経済改革が始まった頃には、中国の平均寿命が六七歳にたいして、インドは五四歳そこそこでした。中国はインドに一三年以上の差をつけていたわけです。

中国政府は一九七九年から徹底的な経済改革をおこないました。そして、驚異的な経済成長の時代を迎えましたが、以後政府は医療への取り組みからは手を引きはじめました。とりわけ、それまで自動的に無料で給付されていた健康保険を、民間の保険に自費で加入するかたちに変更したのです（例外は雇用者から提供される場合で、これはごく一部でおこなわれているにすぎません)。健康保険の適用範囲を大幅に縮小させるこの動きは、ほぼ確実に中国の平均寿命の伸びを減速させましたが、国民からの抵抗はほとんどありませんでした(複数政党体制の民主主義国なら、間違いなく反対の声があがったでしょうが)。

一方、インドでは、不充分な公共医療に国民のいっそう厳しい目が向けられて問題になり、改善を余儀なくされました。

経済改革のあと、中国は目覚しい急成長をとげています。それにもかかわらず、インドの平均寿命の伸びは中国の伸びよりも、平均で三倍は上回っています。現在、中国の平均寿命はおよそ七〇歳で、かたやインドは六三歳です。両国の平均寿命の差は、この二〇年間で半分近くの七歳にまで縮まっています。

しかし、これ以上平均寿命を伸ばすのは、ますます難しくなるという事実も考慮しなければなりません。また、おそらく中国は現在、これ以上の伸びがきわめて難しい段階に達しているのかもしれません。もっとも、これだけでは説明になっていません。なにしろ、中国の七〇歳という平均寿命も、世界の多くの国とくらべれば――それどころか、インドの一部の地域よりも――まだはるかに低いのですから。

経済改革がおこなわれ、中国の平均寿命が六七歳くらいになった頃、インドのケララ州も同じ程度の数値になりました。ところがいまでは、ケララ州の平均寿命は七四歳になり、中国の七〇歳をかなり上回っています。さらに言えば、乳児死亡率は、中国では経済改革から非常にゆっくり低下しましたが、ケララ州では急速に下がりつづけています。一九七九年のケララ州の乳児死亡率は、中国とほぼ同じレベル——出生一〇〇〇人当たり三七人——でした。しかし、二〇〇三年には一〇〇〇人当たり一三人から一四人となり、（ここ一〇年ほど足踏み状態のつづいている）中国の、一〇〇〇人当たり三〇人という数値の半分以下になっています。平等主義的政治がおこなわれているケララ州では、〈公共の論理〉が民主制によって守られつづけてきたことが、有利にはたらいているようです。

一方では、インドの公共医療の失敗がマスコミで大きく取りあげられています。それでも、中国との平均寿命の差を急激に縮めているのは、民主制自体が役立ったためかもしれません。また、インドの医療の不充分さが、マスコミによってこれだけ知れわたり批判されていることが、現状の改善に貢献しているとも言えるでしょう。

情報面で民主主義がはたす役割はきわめて重要になりました。それは主として、公の場における、開かれた議論を通じて機能します。近年、重症急性呼吸器症候群（ＳＡＲＳ）が流行した際に、情報のもつこうした特色が制約を受けたことに、厳しい目が向けられました。ＳＡＲＳは二〇〇二年一一月に中国南部で最初の症例が現われました。そして、多くの死者をだしたにもかかわらず、命にかかわる新しい病気が発生したという情報は、二〇〇三年四月まで伏せられていました。それどころか、非常に感染力の強いこの病気が、香港や北京にまで広がってはじめて、中国政府はこのニュースを公表せざるをえなくなったのです。その頃にはすでに、発生地域内で撲滅できる可能性はなくなっていました。SARSの流行においては、公の場における開かれた議論が欠如していたことが致命的でした。このことはSARSだけではなく、より広範にあらゆる問題に関連してくるのです。

民主主義と公共の論理

〈公共の論理〉は、民主主義そのものについて考えるときにも重要になります。国際問題の議論のなかで、民主主義がおこなわれているかどうかが、厳しくチェックされているのは当然のことです。標準的な民主主義制度をそなえた多くの国でも、実際には目につく欠陥があるからです。こうした欠陥について市民社会で議論することは、それらを改善する効果的な手段であるばかりではないのです。これこそまさに、民主主義が〈公共の論理〉のかたちで機能する目的でもあります。この意味では、民主主義に欠陥があるからそれを制限するのではなく、むしろ、さらなる民主主義を求めることになります。

一方、民主主義の実践にともなう欠陥を補おうとして、〈公共の論理〉を押さえつけ権威主義に頼れば、その国は（飢饉をはじめとする）散発的な惨事の被害を受けやすくなってしまうでしょう。また、社会の監視の目がなくなることから、以前は確保されていたものまで失うことになります（中国では医療について、ある程度こうしたことが起こったようです）。

シンガポールや前民主主義的な時代の韓国のように、権威主義の体制が最もよいかたちで機能している国でも、ほんとうの政治的自由はやはり失われ、公民権も制限されていました。さらに、たとえば、インドが民主主義を抑圧すれば、スーダンやアフガニスタンではなくシンガポールのように発展できるとか、北朝鮮ではなく韓国のような国に変貌するという保証もありません。

〈公共の論理〉の観点から、民主主義を「議論による政治」と理解すれば、民主主義思想の歴史的なルーツが、世界中いたるところにあったことがわかります。「民主主義という西洋思想」を、気は進まないけれど西洋以外の世界にも普及促進するという、一見慎ましく見える考え方が西洋にはあります。そこには、本来なら世界遺産であるものを、傲慢にも西洋だけで専有してしまう尊大さも、含まれているのです。西洋以外の社会に、西洋の概念を「押しつける」ことへの負い目が、民主主義を西洋思想の典型として、純然たる西洋の概念とみなして疑わないことに結びついているのです。

こうした誤った見方は、西洋以外の社会における知性の歴史が、ほとんど顧みられなかったことから生じています。また、〈公共の論理〉という広い観点からではなく、主として選挙という側面からのみ、民主主義を見てしまう考え方の欠陥でもあります。民主主義に求められるものと、世界における民主主義思想の歴史を充分に理解することが、今日の政治の改善に大いに貢献するかもしれません。それはまた、社会に共通した問題の評価のさまたげとなる、偽りの文化のあいまいさを取り除くうえでも役に立つでしょう(9)。

インドと核爆弾

大量破壊兵器には人を魅了する独特のものがあります。こうした兵器は、その力のよりどころである、残忍性や大量殺戮《さつりく》とは巧みに切り離された破壊の威力によって、熱狂的な興奮を引き起こしてきました。偉大な叙事詩には、イーリアスからラーマーヤナ、カレワラ、そしてニーベルンゲンの歌〔それぞれ古代ギリシャ・古代インド・古代フィンランド・中世ドイツの叙事詩〕にいたるまで、特殊兵器の威力が血わき肉おどる表現で描かれています。それ自体が強力なこのような兵器は、その保有者にも大いに力を与えます。インドがパキスタンと同時期に核兵器開発の道をたどるなかで、それが国力であるかのように感じてしまう、想像上の輝きは無視しがたいものがありました。

倫理と常識

知覚でとらえたものには、欺かれることがあります。一般に強力な武器——なかでも核兵器が、その保有者の力をかならず強めて、勢力を拡大させるものだと考えてよいとは言えません。これは〔自己の利益を考慮する〕常識がかかわる重要な問題です。また、特に核政策の是非については〔人類共通の〕倫理にもとづいて問わなければなりません。一国が特定の政策によってこうむる実際的な利害では計りきれないものがあります。常識と倫理のどちらにも関心を向けなければなりませんが、同時にこの二つをたがいに無縁で異質なものとして扱うべきではありません。

私たちが他人にたいする態度を決める場合、おたがいの活動の倫理性をどう判断するかを抜きにしては考えられません。結果として倫理上の根拠にも、常識としての重要性が含まれることになります。こうした観点から、私はインド亜大陸において核政策がかかえる問題一般について、また、特にインドの核政策について、検討していきたいと思います。

強力な武器がはたして国力を高めるのか、あるいはどの程度その効果があるのか、という疑問は古くから存在します。それどころか、核武装の時代が到来するはるか以前から、ラビンドラナート・タゴール〔インドの詩人・思想家。アジア初のノーベル文学賞受賞者〕は、軍事力がもたらす効果を疑問視していました。一九一七年にタゴールはこう述べています。ある国民が「権力を求めるあまり、心を犠牲にして武器を増強させるなら、より危険な目におちいるのは敵ではなく自らである」、と。タゴールはマハトマ・ガンディ〔インド独立の父〕のような徹底した平和主義者ではありません。それでも、より多くの、より強力な武器を手に入れることで国力を増強できるという主張は危険であるし、武器がはたす役割を倫理面から検討する必要もあると警告しました。タゴールはまた、こうした武器を厳密にどう利用すべきか、それにたいする他国の反応と反発が実際にどれだけあるのかも検討すべきだと主張しました。タゴールが「心」と呼んだものには、彼の説明によれば、人類愛の必要性と国際関係における理解も含まれています。

タゴールはただ倫理的な主張をしていたのではありません。ある国が兵力を増強することによって他国で引き起こされる反応を考慮しながら、現実的に重要な問題についても彼は言及していたのです。タゴールがさしあたって憂慮していたのは、日本がナショナリズムに大きく傾いている問題でした。タゴールは日本という国と日本人を高く評価していましたが、日本が経済と社会を発展させる方向から、過激な軍国主義へ移行したことにひどく困惑していました。その後、日本が軍事的に敗北し、原爆で破壊され、多大な犠牲をこうむったことは、タゴールは（一九四一年に亡くなったので）知らずじまいでした。知っていたとしても彼の深い悲しみは増すばかりだったでしょう。しかし、軍事力がかえって弱体化を引き起こすことについて、彼が残した示唆に富んだ言葉は、現代日本の著述家（大江健三郎が特に有名でしょう）の著作のなかでいまも問いを発しつづけています。

科学、政治、ナショナリズム

インドの弾道ミサイル・プログラムを中心になって推し進め、核兵器開発の主要人物となったのは、アブドル・カラム博士〔二〇〇二年に大統領就任〕です。彼はイスラム教徒で、優れた科学者であり、インドのナショナリズムにきわめて強い思い入れをもっています。アブドル・カラムはじつに人当たりのよい人物でもあります（一九九〇年にカルカッタのジョードプル大学でおこなわれた名誉学位授与式で、彼と同席した際に私はこのことを知りました。核実験の何年も前のことです）。彼は社会貢献活動への関心が高く、インド国内で、知的障害のある子供の慈善事業をはじめ、数々の福祉関連の運動に寄与してきました。

カラムは一九九八年五月に、ラジャスターンのタール砂漠の端にあるポクランでインドの核実験の模様を眺めながら、そのときの感想をこう誇らしげに記しました。

「地面が足元でとどろき、前方で恐ろしいほど盛り上がるのを感じた。それはすばらしい光景だった」

これほど心優しい人の反応にすら、圧倒的な力への崇拝がこのように強く見られたのはいささか驚くべきことですが、おそらくナショナリズムの影響があるのでしょう。また、強力な武器から発散される、人を魅了するなんらかのものにも関係があるのかもしれません。穏やかな物腰でうまく隠されているようですが、カラムのナショナリスト的な傾向の強さは、核爆発実験のあとに発表された彼の声明（「二五〇〇年にわたって、インドは一度も他国を侵略したことがない」）を見れば充分に明らかでしたし、インドがあげた実績（「科学とテクノロジーの勝利」）にたいする彼の喜びもそれに劣らず強いものでした。

一九九八年の実験は、ポクランでおこなわれた二度目のものでした。初回は一九七四年に、インディラ・ガンディ首相のもとで実施されました。しかし当時は、実験の全容が秘密に包まれていたのです。これはインドが核武装化することの正当性について、インド政府があいまいな立場をとっていたことと一部関連しています。ガンディ政権が独自の核保有能力の開発を決断するにあたっては、中国の核武装化が明らかに影響していました（一九六四年から七四年までに、中国は一五回の核実験を実施）が、政府の公式見解としては、一九七四年のポクランの実験はあくまで「平和目的」のためであって、インドが核兵器をもたないという決意は変わらないとしていました。そのため、ポクランの最初の実験のあとも、核エネルギーの破壊力があからさまに賛美されることはなく、むしろインドが核武装化への道をたどらないとする姿勢がたびたび示されました。一九九八年の夏、のちに「ポクランⅡ」と呼ばれるようになる実験がおこなわれると、事態は大きく変わりました。その頃には、核実験を強く後押しする声がさまざまな方面からあがっていました。もちろん、インド人民党（ＢＪＰ）も含まれていました。ＢＪＰは選挙のマニフェスト〔政権公約〕に核兵器開発を掲げ、一九九八年二月の選挙のあと、与党連合を率いるようになりました。

それ以前のインド政府も、一九七四年の核実験以降、実験の再開を検討しながら実施にはいたりませんでしたが、ナショナリスト的な傾向の強い新政府になると、歯止めがきかなくなり、BJPが政権の座に就いてから三ヵ月もたたないうちに「ポクランⅡ」の爆発実験がおこなわれたのです。BJPはここ数年、ヒンドゥー・ナショナリズムに乗じ、それを大いにあおることで支持基盤を固めてきていますが、選挙ではヒンドゥー教徒票の半数以下の票を獲得したにすぎませんし、多宗教国家であるインドの投票総数からすれば、その割合はさらに減ります(インドにはパキスタンと同数近くの、そしてバングラデシュよりは多くのイスラム教徒がいて、さらにもちろん、シク教徒、キリスト教徒、ジャイナ教徒、パールシー教徒など、さまざまな集団がいます)。

しかし、議席の過半数を占めなくても(五四五議席中一八二議席)、BJPはさまざまな党派の、かなりその場かぎりの連合を率いることができます。連合には、完全に地方単位の政党(タミル・ナードゥ州のAIADMK、PMK、MDMK、ハリヤナ州のハリヤナ・ロック・ダルとハリヤナ・ヴィカス党、オリッサ州のビジュ・ジャナタ・ダル党、西ベンガル州の西ベンガル・トリナムール会議派など)から、特定の集団を基盤にした政党(シク・ナショナリズム政党のアカリ・ダル党など)まで、さらにはその他の政党から分派したものも含めて、多種多様な政党が名を連ねていました。連合のなかの最大党派として、BJPは一九九八年にインド政府の実権をにぎりました。過半数に満たない政党にはとても望めないほどの権力を与えられたのです。

ＢＪＰが一九七四年の核実験につづく新たな実験をおこない、実際に核兵器を開発しようとする姿勢は、核開発に積極的な圧力団体から強力に支持されました。この団体にはインドの科学者も数多く含まれています。科学者と防衛専門家が核開発を擁護したことは、インドが核保有国となることを、国民意識としては完全には受け入れがたいにせよ、多くの人が少なくとも妥当であるらしいと思うようになるために、かなり重要な役割をはたしました。

プラフル・ビドワイ〔ジャーナリスト〕とアチン・ヴァナイク〔学者・ジャーナリスト〕が、入念な調査研究にもとづいた著書のなかで明快に論じたように、「核兵器を熱心に擁護する人は、これらの兵器に宗教にも似た権威と重要性をもたせようと絶えず試みる。嫌悪感や恐怖心ではなく、畏敬や驚嘆の念を強調し、現代の大衆文化の時代に、核兵器が受け入れられ、きちんと位置づけされるようにした」のです。

力がもたらすスリル

核爆発の威力にたいしてカラムが見せた興奮は、もちろん高性能の武器にたいする反応として珍しいものではありません。大量殺戮に考えをおよぼしさえしなければ、破壊力が興奮をかきたてるのは、世界の歴史によく見られる心理状態です。

世界初の核実験を中心になって成功させたJ・ロバート・オッペンハイマー〔アメリカの物理学者〕は、ふだんは冷静な人でした。その彼ですら一九四五年七月一六日に、アメリカの砂漠にあるオスクロ村の近くで、原爆の最初の大気中爆発実験を見守ったときは、感動のあまり、二〇〇〇年前に書かれた『バガヴァッド・ギーター』〔ヒンドゥー教の聖典〕（オッペンハイマーはギーターを正しく解釈できるほどサンスクリット語ができました）を引用して、「千の太陽の輝きが……天空で炸裂する」と述べました。

オッペンハイマーはさらに『バガヴァッド・ギーター』の言葉を借りて、こうも言いました。「われは死となり、世界の破壊者となった」、と。その死のイメージは翌月、広島と長崎でむきだしの残酷な顔を見せることになります（大江健三郎が「広島の暗闇にひそむ、もっとも恐しい巨大なもの」と呼んだものです）。核武装化が何をもたらすか明らかになるにつれて、オッペンハイマーは核兵器反対の運動にのりだし、とりわけ水爆反対に熱意を燃やすようになりました。しかし、一九四五年七月の時点では、アメリカの砂漠の試験場「ホルナラ・デル・ムエルト」（訳せば「死の領域」）には、実際の殺戮からは完全に切り離され、血なまぐさささを払拭した抽象概念しかなかったのです。

千の太陽は、いまやインド亜大陸に戻ってきました。一九九八年五月一一日と一三日にポクランでインドが五度の核実験をおこなうと、すぐさまその翌月に、パキスタンがチャガイ丘陵で六度の核実験を実施しました。「全山が白くなった」というのが、歓喜したパキスタン政府の反応でした。インド亜大陸はいまでは、それぞれの国力増強という名目のもとに、あからさまな核対立に直面しています。

事態のこうした展開は、世界中から、ほぼ一様に非難されましたが、インドとパキスタンの国内ではかなり肯定的に受けとめられています。しかし私たちは、国内における実際の支持の度合いを、誇張しないように気をつけなければなりません。パンカジ・ミシュラ〔インドの作家〕が実験の二週間後に、「核実験は非常に好評を博し、特に都市に住む中流階級のあいだで支持された」と結論したのは無理もないことでした。しかし、インドの世論への長期的な影響を判断するには二週間では短すぎます。そのうえ、歓迎する人たちの熱狂ぶりは、懐疑的な人びとの深い疑念よりも、テレビに映りやすいわけでしたから。

実際、爆発実験の直後にインドの街中でテレビがとらえたお祭り騒ぎは、これを歓迎し、外へでて祝う人びとの反応の映像ばかりでした。しかし、そこには祝賀ムードに加わらなかった大勢の人の疑念と非難もあったのです。彼らは当初のテレビ映像には登場せず、時間をかけて徐々に疑問や反対を声高に表明するようになりました。小説家のアミタヴ・ゴーシュは、核実験にたいするインドの大衆の反応について「ニューヨーカー」誌に詳細にわたる評論を寄せ、こう記しました。

「実験はこの国をいままで以上に深く分裂させた」

一方、ポクランの実験が、インドを核の冒険に深入りさせた主要政党ＢＪＰに有利にはたらかなかったことも事実です。一九九八年の実験以後、ＢＪＰは各地の選挙で大きく票を伸ばせませんでした。九九年九月にインドで再び選挙がおこなわれる頃には、ＢＪＰも充分な教訓を学び、選挙運動中に核実験のことはめったに口にしなくなりました。それでも、Ｎ・ラム（政治評論家で「フロントライン」誌の編集主幹）が反核を訴える著書『核の虎に乗って』のなかでいみじくも述べたように、私たちは「ヒンドゥー右派がポクランⅡで手痛い目にあったからといって、この問題で決定的に勝利したと思い込む間違いをおかしてはいけない」のです。

核武装化にたいするインド人の態度はあいまいであり、道徳的な疑念に満ちているだけではありません。これらの武器を実際に使用すべきかどうかに関してもためらいがあります。いくつかの世論調査が示したように、インドでは、パキスタンの世論とくらべれば、「インド亜大陸で戦争が起きた場合、核兵器が実際に使用される」と考える傾向は、格段に低いと言えるかもしれません。しかし、結局のところこうした武器の保有が有効になるのは、状況によっては使用するという意思があるかどうかですから、考え方の首尾一貫性を検討しなければなりません。核兵器を保有し配備することによってなんらかの利益が得られるならば、それがひそかに、またはあからさまに使用されるという不測の事態を、起こりうるシナリオの一つとして考える必要があります。「核兵器は有益だけれども、決して使用してはいけない」と主張するのは、説得力に欠けています。むしろそれは、アルンダティ・ロイ（優れた小説『小さきものたちの神』の著者）が「想像の終わり」と呼んだ異常な現象が起きた結果とみなせるでしょう。(1)

ロイもはっきりと述べているように、現実に全面的な核戦争が起こった場合、それがどのようなものでどんな結末になるかを、正確な情報をもとに想像することはまず不可能です。アルンダティ・ロイは考えうるシナリオを次のように描いています。

われわれの都市も森も、畑も村も、何日間も燃えるだろう。川の水は毒と変わる。空気は火となる。風は炎を四散させる。燃えるものがすべて焼きつくされたら、火は衰えて煙が立ちのぼり、太陽をおおうだろう。

そのような不測の事態が起きる可能性のあるものが、賢明な国家自衛策の一部になりうるとは考えにくいのです。

既存の核保有国と、インド亜大陸の不満

代わりになる政策がないと感じられることが、ものごとを正しく理解しにくくしています。つまり、充分に納得のいく政策で、(核の道の恐怖とは反対に) 断固とした非核の道にもとづいて、核兵器の廃絶を貫けるものが欠如しているのです。それが、インドで大勢を占めている意見です。

欧米諸国ではインド亜大陸の核の冒険が不満と嫌悪をもって見られているのにたいし、インド国内ではこの問題に関してどっちつかずの態度がとられています (政府与党のＢＪＰと、インドの核推進派の圧力団体が核の道を支持していることは、言うまでもありませんが)。インド亜大陸で起きていることを理解するには、この問題を世界全体の背景のなかにはっきりと位置づけて見なくてはなりません。

国際社会がインドとパキスタンの政策と決定にたいし非難ばかりして、世界全体の核の状況を見ていないことを、南アジアの核戦略家は深く憤ります。彼らがこのように憤るのは確かに無理もありません。欧米の批評家が自国の核政策の倫理的な問題を充分に検討もせずに、インド亜大陸の核の冒険のあら探しをすることに彼らが疑問を感じるのは当然です。きわめて不平等な核の覇権を保持したまま、地球規模の非核化の実現についてはほとんど努力しない、といった欧米の姿勢についてもそうです。インドのジョージ・フェルナンデス国防大臣はアミタヴ・ゴーシュにこう語りました。

「核兵器を保有している五ヵ国がなぜ、われわれにどう振る舞うべきだとか、どんな武器をもつべきだと言えるのだ？」

これと同じ趣旨のことを、ゴーシュはイスラム協会（パキスタンの主要な宗教団体）の指導者カジィ・フセイン・アーメッドからも言われました。

「五ヵ国は核兵器を保有し、その他の国は保有すべきでないというのは受け入れられない。『五ヵ国も軍縮したらどうだ』とわれわれは言う」

このように世界的な観点に照らしてみるのは、まったく正しいと思います。しかし、私たちが検証しなければならないのは、次の点なのです。インド亜大陸のケースを地球規模のより大きな枠組みに当てはめた場合、私たちが、インドとパキスタンで起きていることで下す評価が変わるのでしょうか。五ヵ国の核政策が根本的に間違っていると主張したからと言って、独善的な世界秩序にたいする怒りがインド亜大陸で蔓延している現状を、放っておいてもよいことにはなりません。

こうした不満は、完全に正当化できますし、きわめて重大なものでもあります。しかし、だからと言って、インド亜大陸内で不確実さを急増させるばかりで、各国をより安全にするうえでは少しも役に立たない核政策が、それによって賢明なものに変わるわけではないのです。じつは、インド亜大陸で安全に暮らせる国は、バングラデシュだけなのかもしれません。

常識の冒すあやまち

ここには慎重に区別しなければならない二つの異なった問題があるのだと私は思います。第一に、世界の核の秩序はきわめて不均衡ですし、大国の軍事政策にたいする不満があるのは当然だと思います。特に核保有国の地位を独占し、国連安全保障理事会の常任理事国でもある五ヵ国の軍事政策には問題があります。

第二の問題点は、五大国以外の国々が直面している選択とかかわっています。これについては、少数の国が権力を独占して他国を威嚇《いかく》していることへの怒りばかりにとらわれずに、きちんと検討する必要があります。

かりに、インドとパキスタンを含めた他の国々に、世界秩序の実体について文句を言うだけの根拠が充分にあったとしましょう。しかし、それらの国々が恐ろしい大量虐殺《ホロコースト》の可能性を増大させる核政策を、自国の安全を脅かしてでも推進してよいわけではありません。たとえ、世界の秩序が、軍縮に向けた真剣な努力もないままに、既存の核保有国によって保障され維持されたものであっても、それは変わりません。常識の冒すあやまちを、倫理にもとづく怒りによって正当化することはできないのです。

私はここまで、核武装化が引き起こす経済、社会面のコストと、資源の配分に関する一般的な問題は取りあげていません。そうした論点は、もちろん重要です——もっとも、核開発計画のコストを正確に把握するのは困難ですが。

核開発計画に関連する費用は、インド、パキスタンの両国で注意深く隠されています。(情報公開の義務がより多くある政治体制の)インドのほうが、必要な数字を推測するのが簡単だとしても、そうした推測はかなり大ざっぱなものとなるでしょう。

主要日刊紙「ヒンドゥー」の著名なジャーナリストであるC・ラマノハル・レディが、少し前に核武装化のコストは、毎年の国内総生産の〇・五パーセントくらいに相当すると概算しました。こう聞くとあまり多くないように思われるかもしれませんが、これらの財源を別の用途に利用することを考えれば、充分に大きな額です。

たとえば、国内のどんな場所でも、すべての子供が近隣の小学校に通えるようにするために必要な追加の費用は、ほぼそれと同額と推計されています。インドの成人人口における非識字率はいまなお四〇パーセント前後であり、パキスタンでは五五パーセントほどです。

ほかにも犠牲と損失があります。たとえば、インドの科学者の才能が、より生産的な研究部門や実際の経済の生産活動からそらされて、軍事関連に向けられていることです。秘密主義の軍事活動が横行していることも、議会における開かれた議論を阻害し、民主主義と言論の自由の伝統をくつがえすことになりがちです。

しかし、つまるところ、核武装化に反対する理由は、そもそも経済的なものではありません。むしろ、人間の生活における不安の増大こそが、インド亜大陸の核の冒険がもたらす最大の不利益なのです。その問題に関しては、さらによく吟味する必要があります。

核の抑止力は奏功するのか？

核の抑止力がインドとパキスタンのあいだの戦争を回避するという主張については、どのように考えられるでしょうか？　世界を平和にたもっていると証明ずみのはずであった核の均衡力は、なぜ、インド亜大陸でも効力を発揮しないのでしょうか？　この疑問には、四つの異なった視点から答えられると思います。

1　かりにインドとパキスタンの核武装化によって、両国間で通常戦争の起こる確率が減るとしましょう。その場合、通常戦争の可能性は核武装以前より低くなったとしても、今度は、核のホロコーストを招く恐れが浮上します。

戦争による負の結果の大きさを考慮せずに、戦争になる確率だけを考えていては、まともな意思決定を下すことはできません。それどころか、アルンダティ・ロイが「想像の終わり」として描いたシナリオが起こる可能性がいくらかでもあれば、それは、通常戦争による比較的少ない負の結果を、まず間違いなく上回るものになります。

2　通常戦争が起こる可能性が、インドとパキスタンの核武装化によって実際に減少することを示すものは何もありません。

むしろ、核実験のあとすぐに、両国はカシミールのカルギル地区で大々的な軍事衝突を引き起こしました。カルギル紛争は、インドとパキスタンの核実験から一年もたたないうちに起こっていますが、実際はほぼ三〇年ぶりに両国のあいだで起きた軍事紛争でした。

当時、インドの時事解説者の多くはこう主張しました。この対決は、パキスタン側から停戦ラインを越えてきた分離派のゲリラによって（解説者の見解では、そこに正規兵も合流して）誘発された。通常兵力ではるかに勝《まさ》っていても、核のホロコーストを恐れるインドが、通常兵力による大規模な報復戦争を始められないことを、パキスタン側が熟知していたために起こったのだ、と。この分析が正しいかどうかはわかりません。しかし、核による全滅を敵が恐れていれば、全面的に報復される心配がなくなるので、軍事的な冒険主義を肯定する論拠になりうるという一般論には一理あるでしょう。

なにはともあれ論より証拠で、どんな弁明をしたにせよ、核武装化は、インドとパキスタンのあいだで核兵器を用いない紛争が起こることの防止にはなりませんでした。

3　インド亜大陸では偶発的な核戦争が起きる危険が、冷戦時代よりもさらに増えています。これは抑制も統制も一段と緩くなっているからだけではありません。インドとパキスタンは距離的にあまりにも近く、危機が起きた場合に対話する時間がほとんどないために、第一撃が恐怖の的になっているからです。また、パキスタン軍内部をイスラム原理主義者が支配していることもよく取り沙汰されます。民主主義的な抑制の欠如も、一触即発の危機が不意に生じる恐れを増しています。

4　冷戦下にあった時代、核抑止力によって世界が享受していた平和は、実際に予測できていたのか、そして確かな因果関係が見られたのか、という点も検討する必要があります。

恐怖の均衡についての論拠は昔から充分に明らかにされています。それが最も雄弁に語られたのは、一九五五年三月一日にウィンストン・チャーチル〔元イギリス首相〕がイギリス下院でおこなった最後の演説のなかででした。この問題に関するチャーチルの力強い言葉（「安全は恐怖によって丈夫な子供に育ち、生存と全滅は双子の兄弟となるだろう」）には、人を惹《ひ》きつけるものがあります。しかし、チャーチルは例外をあげました。抑制の論理は、「常軌を逸した者または独裁者が防空壕に追いつめられたヒトラーの気分になった場合には当てはまらない」と言ったのです。

独裁者が出現する可能性は、世界中（インド亜大陸ですら）にあります。一部の雄弁な解説者が核問題について書いていることの延長線上で判断すれば、少なくともいくらか常軌を逸した人間なら、インドとパキスタンのどちらにも同じくらいの頻度で見つかります。しかし、頭脳明晰《めいせき》で正気であることに関しては折紙付きの人物ですら危険を冒してきたという事実に、目を留めることのほうがもっと大切です。

一つだけ例をあげると（かなり有名な例ですが）、のちにキューバ・ミサイル危機と呼ばれるようになる対決の道を選ぶにあたって、ケネディ米大統領は、人類を代表して、明らかに全滅を招きかねない重大な危険を冒しました。それどころか、大統領特別顧問だったシオドア・C・ソレンセンは、その事実を（おおむね賞賛的に）述べています。

ジョン・ケネディは、戦争するにせよ降伏するにせよ、それが全人類にどんな影響をおよぼすのか見逃すことはなかった。アメリカの国連派遣団は平和交渉の準備をしていたし、統合参謀本部は戦争の準備を進めており、彼はどちらの手綱も緩めるつもりはなかった……。性急になることも優柔不断になることもできないし、向こう見ずにも臆病にもなれなかったのだ。当時、ケネディにとってソ連が戦争に踏みきる確率は、のちに本人が語ったところによると、「三分の一から、五〇パーセントのあいだのどこか」に思われた。(2)

まあ、全滅する可能性が三分の一から二分の一となれば、人類を代表して決断を下すのは容易ではないでしょう。

冷戦時代に核の対立によって平和がたもたれていたのは、いくぶんかの幸運によるもので、あらかじめそう決まっていたわけではないことを、私たちは認めなければならないと思います。結果的に「その後」平和になったのを、「そのために」、つまり核兵器があるために、平和になったと考えていては、核問題に関して――それどころか、どんな分野についても――今後の政策を立てるうえで、ひどく困難をきたすでしょう。私たちが考慮しなければならないのは、インド亜大陸における現状が、冷戦の核対決時代とは、少し異なるという事実だけではありません。むしろ冷戦時代ですら、世界が全滅を免れたのは、実際、かなりの幸運によるものだったことを認識すべきなのです。絶滅の危険は、常軌を逸した者や独裁者によってのみもたらされたのではなかったのです。

というわけですから、インド亜大陸で核武装化が進んでも、(理論的にも実際にも) 戦争のリスクが減るとはかぎりません。むしろ戦争による負の結果の可能性を、急激に増大させることになります。世界の軍事的均衡が本質的にいかに不公正であっても、この重大な現実認識が変わるわけではありません。

核武装はインドの利益になったのか?

ここで、それほど重要でもないのに、かなり頻繁に問われている問題に移ります。特にインドではこの件が論議を呼んでいます。核実験を応酬した結果、インド亜大陸の安全が脅かされているとしても、インド独自の利益にとっては、ＢＪＰ主導の政府が進める核政策が役に立ったのではないか、という問題です。

「インドは世界の大国の一つとして尊重されて当然なのに、さほど重視されていない。だからインドが不満を述べるのはもっともだ」と言われてきました。また、一部の国が、インドとパキスタンのあいだになんらかの「均衡」をもたらそうとすることへの不快感もインドにはあります。過去にアメリカは明らかにそうした「情勢の変化」を試みています。

また実際、インドはパキスタンの七倍近くある国であって、同等に見られるべきではなく、むしろ、比較されるべき相手は中国だ、とも言われます。インドの国連安保理常任理事国入りなどを含めて、このような問題では、核戦力による貢献が期待されているのかもしれません。核兵器を開発した結果、インド亜大陸はより不安定になったとしても、インドには利益もあったという主張です。この論法については、どう受けとめるべきなのでしょうか？

こうした議論を推し進めることに、私はいささか困難を覚えます。私はインド国民ですが、インドだけが利益を得るような特定の政策の追求を正当化し、そのために影響をこうむる他国の利害を無視できるとはとても思えません。しかしながら、特定の政策がおよぼす影響を、インド政府の所定の目的（パキスタンにたいする戦略的な優位や、インドの国際的地位の向上を含め）に照らしあわせて検討することは可能です。そして、このような目的に、インドの近年の核政策が役立ったのか、いくぶん冷静に「科学的な」検討をしてみるつもりです。私自身がこうした目的を支持していなくても、それらが現実にきちんと推進されているかどうか調べることはできます。

ポクランとチャガイ丘陵の実験場で起きた一連の出来事が、実際、これらの目的のために役立ったのかという点については、疑問をいだいて当然だと思います。

インドは通常戦力において、パキスタンよりはるかに勝っていましたし、現在もそれは変わりません。そうした戦略上の優位は、新たに核の均衡が生じた結果、非常に意味のないものになりました。それどころか、パキスタンが核兵器を「先制使用しない」という合意をはっきりと拒絶して以来、インドが通常兵器の優位を頼みにできる度合いは大幅に削減されました（それと同時に、不安のレベルは双方で増大しています）。

カルギル紛争では、インドはパキスタン支配下のカシミールに越境して、パキスタン側の侵入軍の後方にまわり込んで攻撃することすらしませんでした——インド軍の戦術家たちは後方にまわり込む作戦のほうが、インド側から高山をよじ登り、頂上を占拠している相手と戦うよりもずっと道理にかなっていると考えていたようでしたが。

インド側の反撃はこのため効果の面でも迅速性においても劣るものになりました。インド兵に多くの犠牲をだす結果（インド政府の公表によれば一三〇〇人、パキスタン側の推計では一七五〇人の犠牲者）になったうえ、不利な状況で作戦を遂行したために戦費もずいぶんかさみました（直接費用で二五億ドル）。

核兵器が使われる危険を考えれば、停戦ラインを越えて報復しなかったインド政府の決断は正しかったと思います。この点に関しては、自ら生みだした戦略的な足かせがあったために、実際には他の選択肢はありませんでした。

インドの核兵器製造能力は、核実験の応酬が起こる以前から充分に明らかになっていました。一九七四年の実験ですでに立証されていたのです――四半世紀前のインドの公式発表は、その爆発の軍事利用については宣伝しないよう努めていましたが。

最近の一連の実験のあとでは、インドとパキスタンの立場は、少なくとも国際世論の目から見れば、はっきりと対等になっています。たまたま、パキスタン側の反応がかなり控えめだったのです。一九九八年五月中旬にインドが核実験を遂行したあと、パキスタンが間違いなくインドの五回を上回る数の実験をおこなうだろう、と思ったことを記憶しています。わずか六回――五以上の整数では、いちばん小さな数――というパキスタン側の節度ある反応に、私は好印象をもちました。インド政府は、パキスタンと同等と見られることをひどく嫌っているかもしれませんが、実際には、一般に認められていた不釣合いな状況を、双方が同等に見える状況に変えるために、最善をつくしたことになります。
一般にわかっていることとは別に、実験が科学上必要だったかどうかという点からすれば、インドは一九九八年以前に核実験をおこなったことのないパキスタンのほうに理がありました。インドは一九七四年に「ポクランI」を経験していたからです。また、インドにくらべてパキスタンのほうが原子物理学者の数がはるかに少なく、コンピューター再現実験の開発も遅れていました。ですから、パキスタンのほうが、実験にたいする科学的な必要性が高かったのかもしれません。パキスタンは独自の核実験の実施によって、国際社会から非難されることを懸念していました。しかし、一九九八年五月にインドが実験してくれたおかげで、パキスタンだけが核の冒険に乗りだしたとがめられずに、その方向へ進める状況が生まれました。エリック・アーネット〔アメリカの軍事科学者〕は次のように述べています。

インドの政権首脳とちがって、パキスタンの指導層は、核による抑止の必要性を公然と認めている。パキスタンでは、自国の核戦力がインドで真剣に受けとめられていないという軍部の懸念と、冷戦後アメリカに見捨てられてから増しつづけている軍事面の劣等感があいまって、核実験は避けられないという雰囲気が醸成されている。一九九八年五月以前は、制裁を恐れるがゆえに、核実験は阻止されていたのだが。インドの核実験によって、パキスタンの指導層は実験の必要性をいっそう感じるようになり、政治的にも戦略的にも理解しうる反応として実験を正当化する好機が生まれたとみなすことができる。

インドの核推進派の圧力団体は「一九九八年の夏以前から、パキスタンによる先制攻撃を受ける危険が増していた」としばしば明言していますが、こうした主張は科学的にも、政治的にも信頼性に欠けます。

インドは核実験によって、中国と同等な関係にあることを認めさせようとしましたが、それもあまり奏功していません。インドが直面していると主張する中国からの脅威について、国際的な関心が充分に払われていないことにインドは不満をいだいています。しかし、その不満も一般にはさほど注目されていません。

一九九八年にポクランで核実験がおこなわれる一週間前に、インドのジョージ・フェルナンデス国防大臣はテレビのインタビューで「中国は潜在的な脅威の筆頭にあげられる。……中国からの潜在的な脅威は、パキスタンのそれを上回っている」と語り、この発言はのちにたびたび引用されました。

五月一一日と一三日の実験のあいだに、インドのヴァジパイ首相はクリントン米大統領に書簡を送り、実験に踏み切った動機には中国との関連があることを示しました。五月一三日付の

「ニューヨーク・タイムズ」に（リークされ）公表されたこの書簡は、名指しにこそしていませんでしたが、あからさまな表現で中国に言及していました。

われわれの国境には核保有国であることを公然と認める国が迫っています。一九六二年にインドへ武力侵攻した国です。ここ一〇年ほどのあいだに、その国との関係は改善しましたが、主に国境問題が未解決なために不信感は根強く残っています。不信感に加えて、その国はわれわれの隣国を軍事的に援助して、ひそかな核保有国に仕立てたのです。

ところが、インドとパキスタンが核実験の応酬をした結果、中国は、愚痴をこぼすインドよりもはるかに優位に立つようになりました。中国を非難するインドの姿勢を穏やかに諭《さと》し、インド亜大陸の調停者として自らを位置づけることができたのです。一九九八年六月にクリントン大統領が訪中した際に、中国とアメリカは共同声明を発表し、インド亜大陸の非核化への取り組みで協力する旨を宣言しました。

核問題においてインド政府が試みたことと、その成果との落差についてのマーク・フレイザー〔アメリカの政治学者〕の評価は、政策の失敗の本質をとらえています。

インドの意図したことが、危険な大国として台頭している中国について、安全保障上の懸念を世界に警告することだったとすれば、核実験はちょうどその正反対のことをなしとげた。実験はむしろ中国政府に、中国が国際社会の協力的な一員であり、核兵器の拡散防止に努めていることを示す機会を与えた。中国は修正主義の国家と見られるどころか、体制国家の一員としての役割をはたしたのであり、それもかなり積極的に振る舞ったのである。

核実験によって、インドのめざす国連安保理の常任理事国入りが推進されたわけでもありませんでした。ある国が核戦略を使って安全保障理事会に入れるとすれば、他国も同様のことを始めるでしょう。そのうえ、「ポクランⅡ」とチャガイ丘陵の実験のあと、インドとパキスタンのあいだに新たな軍事的均衡が築かれたことも、常任理事国入りへの道を実現させるうえでは不利にはたらきました。これもまた充分に予測のついたことでした。

私個人としては、インドが安保理の常任メンバーとなることがなぜそれほど重要かわかりません（インドが大国であり、経済力を増していることを考えれば、常任理事国入りは他国にとって重大なことになるかもしれませんが、それはまったく別問題です）。

しかし、この可能性を明らかに重要視しているインド政府にとっては、一九七四年以来、核兵器開発の能力があったにもかかわらず、それを抑制していたことを強調したほうが、間違いなく賢明だったでしょう。「ポクランⅡ」とチャガイ丘陵の実験のあと、インド政府自らが率先して生みだした均衡状態よりも、一九九八年以前のパキスタンとの力の不均衡を利用したほうが得策だったはずです。

インドの公式見解をよく調べると、これと付随する興味深い問題が浮かびあがります。インド政府が主要国としての自国の重要性を、あるいは民主主義国としての、多宗教の豊かな文明としての重要性をいかに過小評価しているか、という点です。インドには科学とテクノロジーの長年の伝統（最先端の情報テクノロジーも含め）があり、急速に成長している経済は、わずかな努力でさらに成長しうるものです。「核爆弾の説得力」にたいするインド自らの過大評価は、この国の政治、文化、経済の力を過小評価する結果になっています。政府関係者のあいだでは、クリントン米大統領のインド訪問の成功と、その訪問の際に、パキスタンより優遇されたことが歓迎されているかもしれません。しかし、そうした待遇の違いが、インドの国としての大きさや民主政治、あるいは成長をつづける経済と科学技術を理由にしたものではなく、「核の冒険」によるものと解釈する風潮は、理解に苦しみます。

問題を切り離して

この辺でまとめに入りましょう。インド亜大陸の核政策に関連する問題は、それぞれを切り離して考えることがきわめて重要です。

いま世界では、兵器に関する秩序の変革が必要であり、とりわけ核兵器に関して、実際的な軍縮が緊急に求められています。一方、インドとパキスタンの「核の冒険」を、世界秩序の不公正さを理由に正当化することはできません。こうした冒険の結果、生活が脅かされているのは、主にインド亜大陸の住民自身だからです。他国の鈍感さに腹が立つからといって、自ら墓穴を掘るような真似をする理由にはなりません。

このことはもちろん、世界の主要国が熱心に維持しようとする国際間の勢力均衡に――アメリカの「核の盾」の試みのように、さらなる発展をともなうにしろ、ともなわないにしろ――インドもしくはパキスタンが満足して当然だということを意味するわけではありません。むしろ、五つの大国の役割にたいして、インド亜大陸を含めた第三世界のあいだでかきたてられる疑念と憤りの深さが、欧米諸国で充分に認識されていないという事実を指摘しなければなりません。五つの大国が核兵器を独占しているだけでなく、核以外の通常兵器が五つの大国によって、世界の武器市場で「密輸」されていることにも、疑念と憤りがあります。

たとえば、洞察力のあるパキスタンの経済学者マーブブル・ハクの主導のもとに作成された『ヒューマン・ディベロプメント・リポート一九九四年[3]』が指摘するように、世界で最も多く武器を輸出している五ヵ国こそ、国連安保理の常任理事国なのです。そのうえ、この五ヵ国を合わせると、一九八八年から九二年にかけて輸出された通常兵器の八六パーセントに関与したことになります。当然のことながら、安全保障理事会はこれまで、死の商人の規制に真剣に取り組むことはできませんでした。既存の核保有国の責任と指導力が、インドとパキスタンで――あるいはどこの国でも――疑いの目で見られているのは、充分に理解しうることです。

インドに関して言えば、核を抑制したうえで、さらに世界秩序の変革を要求する政策は、二つ同時に追求しうるものです。核の制限は、インドの発言力を弱めるのではなく、むしろ強めるのです。包括的核実験禁止条約（ＣＴＢＴ）を再定義して、以前の非核化プログラムをも含めることは、議論に値すると思います。

核兵器の製造――その配備は言うまでもありませんが――も、婉曲《えんきょく》に「運搬手段」と呼ばれるミサイルなどに貴重な資源を費やすことも、とても良識ある政策とはみなせません。インド亜大陸の核武装化が、世界の核軍縮を達成させるうえでなんらかの役に立つという主張は、悪夢の一歩手前のとっぴな夢でしかありません。こうした政策は倫理上きわめて愚かなものです。それと同じくらい明白かつ決定的なのは、常識の冒すあやまちです。じつは、相互に関連しあった世界のなかでは、倫理と常識の問題は、かなり近い存在なのです。その理由を、一〇〇年近く前にラビンドラナート・タゴールが論じています。

最後に、より特定の問題に関して言えば、パキスタンにおいて市民の手による民主主義を成功させるうえで、インドほど利害関係の多い国はありません。パキスタンのナワズ・シャリフ政権はさまざまな面で明らかに腐敗していますが、文民支配をひそかに転覆させて、武力行使にはしる軍事指導者に取って代わらせても、インドの国益に役立ちはしません。また、インドはパキスタンが国境を越えたテロをそそのかしていると非難しています。しかし、こうしたこともパキスタンの経済繁栄と文民政権がつづけば、テロがそそのかされるより、むしろ、勢いを失うことのほうが多いでしょう。

インドではしばしば、「パキスタンはインドにくらべて国が小さいうえに、経済も停滞気味なので、公共支出の負担は耐えがたいものになる」という主張を耳にします。しかし、この主張の危険性を指摘しておかなくてはなりません。

確かにそのような側面もあるかもしれませんが、現在、とてつもなく不安定な状況にあって貧窮化し絶望的なパキスタンから、インドがしっぺ返しを食うとすれば、それはかなりの惨事となるでしょう。

パキスタンの安定を強化し、人びとの暮らしを向上させることは、インドにとって明白な倫理的意味があるばかりでなく、常識にかかわる重要なことでもあります。倫理と常識のあいだの中心的な関係を、早急にしっかり理解しなければなりません。(4)

人権を定義づける理論

なぜ理論が必要か

世界中の人すべてが、国籍やその国の法律とは関係なくもっていて、誰もが尊重しなければならない基本的な権利、それが〈人権〉です。一方、〈人権〉は「人間が生まれもった権利（自然権）」であるという概念は、根本から疑わしく説得力に欠ける、とみなす人が大勢います。繰り返し問題にされているのは、〈人権〉という権利がどこから生じるのかということです。〈人権〉の主張に政治的な影響力があるかどうかについては、あまり議論になりません。むしろ、〈人権〉という考え方の基礎の「脆弱《ぜいじゃく》さ」（「とらえどころのなさ」と言う人もいるでしょう）が、懸念されているのです。哲学者や法理論家の多くは、〈人権〉という言葉は「厳密さを欠く《ルース》」と考えています。これはまだ好意的な言い方なのでしょうが、それでもやはり、「いい加減《ルース》」であることに変わりはありません。

〈人権〉という考え方が広まる一方、その概念の正当性が知識人に疑われる矛盾は、いまに始まったことではありません。アメリカの独立宣言は、すべての人間には「奪うことのできない一定の権利」が、造物主によって与えられているのは自明である、としています。その一三年後の一七八九年には、フランスで「人間の権利」が宣言され、「人は自由であり、かつ、権利において平等であるよう出生し生存する」とうたわれました。しかし、それほど時間をおかずに、ジェレミー・ベンサム〔イギリスの法律家・哲学者〕が、そうした主張は完全に無視すべきだと提起しました。フランスの「人間の権利」に反対する狙いで、一七九一年から九二年に書かれた『無政府主義的誤謬論《ごびゅう》』のなかで、ベンサムはこう主張しています。

「自然権など戯言《ざれごと》にすぎない。生まれつきそなわり、消滅することのない権利とは、ばかげたレトリック。きわめつきのナンセンス(1)」

こうした疑念は、今日も根強く残っています。〈人権〉はいまでは広く世間で認められているのですが、そんな概念など、ベンサムが（フランスの「人間の権利」の宣言をはじめとする）自然権の要求を辛辣《しんらつ》に評した言葉を借りれば、「紙の上でわめくこと」にすぎない、と考える人も大勢いるのです。

〈人権〉にたいする否定は、往々にして全否定となります。人には無条件にそなわった権利があるという考え方すべてに反対する主張です。市民権や法的なエンタイトルメント〔財やサービスを手に入れ自由に用いることのできる能力や資格〕といった特定の必要条件によって得られる権利ではなく、ただ人間であるがためにそなわっている権利、という考えに反対するのです。

また、部分的に〈人権〉を否定する人もいます。こういった人びとは、〈人権〉の一般的な概念は受け入れても、〈人権〉として認められるもののリストから、いわゆる「経済的・社会的権利」や「福祉権」として提示されている、特定の権利を除外してかかります。これらの権利は「第二世代」の権利とも呼ばれ、最低限の生活の糧《かて》や医療を受けるための共通のエンタイトルメントなどが含まれています。こうした権利のほとんどは、かなり近年になって、当初宣言された「人間の権利」に追加されたものです。その結果、〈人権〉として要求される領域は大きく広がりました(2)。

これらの権利が加わったおかげで、現在は〈人権〉に関する論文は確かに充実し、狭義の「人間の権利」として個人の自由、政治的自由だけを要求した、一八世紀の宣言文をはるかに超えたものになりました。しかし、新たに加わった権利には、特別に懐疑的な目も向けられています。なかでも非難が集中するのは、そうした権利の実現可能性と、それらが特定の社会的制度――存在するしないは別として――をよりどころにしているのか、という点でした(3)。

一般に人権活動家はこうした批判に耳を傾けたりはしません。〈人権〉を呼びかける人はたいてい(あの大理論家カール・マルクスによってくしくも有名になった古典的対比を用いますが)、「世の中を解釈することではなく変えることに関心がある」からです。

世界中の恐ろしい困窮状態に緊急に対処しなければならないことを考えれば、人権活動家が〈人権〉の概念を正当化することに時間を費やしたがらないのは、理解できなくはありません。

こうした行動優先の姿勢には、現実的な見返りもあったのです。理論の問題をかたづけなくても、〈人権〉の概念がもつ、世の中に訴える大きな力をすぐに利用でき、ひどい圧制や深刻な貧困に立ち向かえたからです。

とはいえ、〈人権〉という考え方が道理にもとづいて尊重され学術的な評価を確立するためには、その概念上の疑いにもきちんと対応しなければなりません。〈人権〉が世間に訴える力を知ることも非常に大切ですが、〈人権〉を論理的に正当化し、多くの人の目で精査して適用することも、また重要なのです。

したがって、なんらかの理論は必要ですし、すでに提示された〈人権を定義づける理論〉を擁護することも求められているのです。本稿の目的はまさにそこにあります。また、〈人権〉の一般的な概念の正当化についても考え、広義の人権に経済的・社会的権利を含めることの妥当性を検討していきましょう。このような〈人権を定義づける理論〉を意味のあるものにするには、〈人権〉を宣言することによって何が主張されているのか、またそうした主張がどう弁護されているのか、〈人権〉の首尾一貫性、説得力および正当性にたいするさまざまな批判には、どうすればきちんと対応できるのか、といった問題について、経済的・社会的権利に関するものを含めて、明らかにする必要があります。

ただし、本題に入る前に、一つ明確にしておきたい点があります。〈人権〉に関する議論は、ときとして〈人権〉の概念から生まれた特定の法律に向けられています。すでに立法化されたこれらのエンタイトルメントの司法上の位置づけは明白であり、それを知るのは難しいことではありません。これらは（「人権法」と呼ばれようが、ほかの名称であろうが）、その他の既存の法律と衝突することなく機能しています。いったん正式に制定された「人権法」の法的位置づけははっきりしていますので、人権の根拠と妥当性を探る今回の試みでは、その問題には直接かかわりません。「人権法」に関して、本稿で何かしら触れるとすれば、そうした法律を制定するにいたったきっかけについてでしょう。それもこうした主張が法律となる以前の立場にもとづいているものです。

実際、すべての人間に生まれもってある権利という考え方から、明らかに影響を受けた制定法は多数ありますし、欧州人権条約（人権と基本的自由の保護のための欧州条約）のような国際協定もいくつも調印されています。こうした影響は、先ほど述べたアメリカの独立宣言の規範的見解に関連して、権利章典〔アメリカ合衆国憲法第一―第一〇修正〕をはじめとする合衆国憲法の採択にもおよんでいます。〈人権〉の地位と位置づけに関して面倒な問題が生じるのは、このように立法化される以前の、概念の領域においてなのです。法律を制定することが、はたして〈人権〉を主張するための最善の道なのか、あるいは不可欠な手段ですらあるのか、という点についても検討しなければなりません。

答えなければならない問い

〈人権を定義づける理論〉では、特に以下の問題に取り組む必要があります。

一、〈人権〉の宣言は、どんなことを述べているのか？

二、〈人権〉は、なぜ重要なのか？

三、〈人権〉にはどんな義務と責任がともなうのか？

四、〈人権〉は、どんな行動によって促進されるのか？　特に、立法化は人権を実現するための主要な――あるいは不可欠な――手段でなければならないのか？

五、いわゆる「第二世代」の権利である経済的・社会的権利は、〈人権〉のなかに無理なく含められるのか？

六、ある権利を〈人権〉とみなす提案はどう弁護されるのか、あるいはどう攻撃されるのか？　そしてその権利が普遍的なものだとする主張はどう評価されるべきなのか？　特に、文化的に多様で、じつにさまざまな慣例が見られる世界ではどうなのか？

これらの問いには、この先、順番に取り組むことにします。

人権――倫理と法

〈人権〉の宣言とは、どんな種類の主張なのでしょうか？　それは「倫理的な要求」の表明とみなすべきだというのが、私の考えです。

〈人権〉の宣言は本質的には倫理上の表明であって、何よりも、一般に考えられているような法的な主張ではないのです。これについては、ジェレミー・ベンサムがそれを法的な主張とみなして、執拗《しつよう》に攻撃したために、かなりの混乱が引き起こされています（この誤解の本質については、のちほどまた触れることにしましょう）。

〈人権〉を宣言する際には、そこでうたわれる自由の重要性についても主張されます。それは問題となる〈人権〉を明文化したなかで、認識され特に認められた自由であり、実際にはその重要性が原動力となっています。

たとえば、拷問されない権利は、すべての人が拷問から解放される自由の重要性から生じるものです。しかし、そこにはさらに、「あらゆる人を拷問から解放するために、ほかの人は何ができるのかを考えなくてはならない」という主張も含まれています。これは拷問をもくろむ人間にとっては、当然ながら、かなり単刀直入な要求となります。自制して拷問を断念することを要求されるのです。それはイマヌエル・カント〔一八世紀ドイツの哲学者〕が「完全義務」

と呼んだものとなって、明確に現われます。(4)

また、それ以外の人びと、つまり拷問をするつもりのない者にも責任は生じます。それはさほど明確なものではありませんが、(やはりカントの概念で言えば)「不完全義務」ということになります。どんな人であっても「拷問してはいけない」という非常に具体的な要求には、より一般的であまり明確でない要請がともないます。拷問を防ぐ方法や手段を考えて、人はそのために何をすればよいのか判断することを求めるものです。

〈人権〉および関連する要求と義務を認めることは、倫理面でそれを肯定することにはなっても、かならずしもそれ自体が評価の完全な規準となるわけではありません。〈人権〉を認めれば、確かに大きな責任を負うことにはなります。つまり、それを倫理的に承認したことから生じる義務を、充分に検討する必要がでてくるのです。しかし、倫理的な肯定という意味では合意が得られても、本格的な議論はまだつづく可能性があります。

特に不完全義務の場合は、

▼〈人権〉にたいして人はどのように関心を払うのが最も適切なのか、

▼異なる〈人権〉のあいだでどう釣り合いをとり、それぞれの要求をどう統合すべきか、

▼やはり倫理的な関心をもたなければならない他の問題と、〈人権〉の要求との兼ね合いをどうつけるか、

といった問題をめぐって論争が起こるでしょう。

〈人権を定義づける理論〉は、今後も検討や討論、論争を重ねる余地を残しうるものなのです。開かれた〈公共の論理〉という取り組み《アプローチ》は、〈人権〉を理解することの中心です。それによって適用範囲や内容に関する一部の論争（たとえば、明らかに持続可能な権利と、持続させるのが難しいものとを区別することなど）は、間違いなく解決するでしょう。しかし、それ以外の問題に関しては、少なくとも一時的には、未解決のまま残さざるをえないかもしれません。[5] 議論の余地のある分野を許容することは、〈人権を定義づける理論〉としてなんら具合の悪い問題ではないのです。

〈人権〉を実際に適用する際には、そうした議論は特に人権活動家のあいだでまったく普通に、かなり習慣的につづけられています。ここで論じているのは、〈人権〉の重要性を基本的に認めたままそうした討議ができることが、「人権の実践」と呼ばれるものの特徴であるだけでなく、根元的な理論を含めて実際に〈人権〉の一般的な研究の一部（しかも、その研究にとって妨げとはならない）であるということです。〈人権〉に倫理面から関心をもつ必要があると認めることによって、そうした討議は無用になるどころか、逆に必要とされるでしょう。したがって、〈人権を定義づける理論〉は内部にかなりの多様性を許容しうるのです。それでいて合意された原理――つまり、〈人権〉に多くの重要性を与え、それに対応する自由と義務の価値を認め、さらにその重要性がどうすればうまく反映されるかを真剣に考慮する原理——の共通性は失われないのです。

こうした多様性は欠点でないばかりか、実質倫理の一般理論には標準的に見られるものなのです。それどころか、似たような多様性は功利主義〔幸福と利益を最大目的とする考え方〕の倫理学説にすら見いだせます。

もっとも、倫理学の大分野のこうした特徴は、しばしば軽視されるかまたは無視されていま す。効用〔幸福と利益の大きさ〕をもとにした倫理学の場合、異説が生じるのは効用の解釈の仕方が異なるためばかりではありませんし[6]、また効用そのものに質的な違いがある(アリストテレスとジョン・スチュアート・ミルの双方が充分に認めているように)からでもありません[7]。異なった理論はまた、効用が使われる多様な方法からも生じます。さらに、効用を個人間で比較する研究なら、効用の量を表わす別の方法を独自に認めるかもしれませんし、「部分的に比較可能」な特定の領域内であれば、許容範囲の変化を問題なく受け入れられるでしょう[8]。

〈人権〉の表明と功利主義の見解のあいだにはかなり明快な類似性が見られます。近代の功利主義の偉大な創始者であるジェレミー・ベンサムは、自然権全般を、なかでも「人間の権利」を攻撃した際に、その類似性にはすっかり目をつぶってみせました。ベンサムが比較するにふさわしいと考えたのは、「人間の権利の宣言」と、「実際に立法化された権利」の、それぞれの法的な重要性の違いでした。ベンサムは当然のことながら、後者に明らかに見られる法的な位置づけが、前者には本質的に欠けていることを発見しました。こうしてベンサムは、驚くほどすみやかに〈人権〉を退けたのです。

権利、それも実質的権利は、法律の申し子なのだ。真の法律からは真の権利が生まれるが、想像上の法、または「自然法」からは、想像上の権利しか生まれない。(9)

生まれもった「人間の権利」の考え方を否定するにあたって、ベンサムが「権利」という言葉を特別な意味で使うレトリックに依存していたのは容易にわかります。つまり、権利を法的にのみ解釈していたのです。しかし、〈人権〉が倫理的に重要な要求として考えられるのであれば、それ自体に法的または制度的な効力がないという事実を指摘することは、たとえそれが充分に明白なことであっても、〈人権〉の研究にとってはあまり意味がないのです。(10) もちろん、次の二つの比較は適切でしょう。

▼効用を基準にした倫理学説（ベンサム自身が擁護した説）――効用には、本来そなわった倫理的な重要性があるが、〈人権〉や人間の自由にはそれがないと考える（したがって、

功利主義の体系のなかで後者がどんな役割をはたそうと、それはまったく手段としての役割でしかない)。

▼〈人権〉に根本的な重要性を与える余地のある倫理学説(「人間の権利」の提唱者が主張したもの)――人間の自由の基本的な重要性の分析、およびそうした分析から生まれた義務と結びついている。[11]

功利主義的な倫理学理論が、何をすべきか決める際には当事者の効用を考慮しなければならないと主張するように、〈人権〉によるアプローチは、〈人権〉を倫理面から認知することが必要だとしています。これこそ比較すべきものであって、立法化された権利(ベンサムがこれを「法律の申し子」と呼んだのは適切な表現)の法的な効力と、倫理的に権利を認知しても法的な位置づけが生じない事実(立法化や法的な再解釈がおこなわれないかぎり)を、くらべてみたところで仕方がないのです。

実際には、ベンサムが「人間の権利」の却下に関して執筆するのに忙しかった一七九一年から九二年にかけてですら、こうした権利の倫理面からの解釈のおよぶ範囲は、トマス・ペインの『人間の権利』や、メアリー・ウルストンクラフトの『女性の権利の擁護――政治および道徳問題の批判をこめて』のなかで、精力的に探求されていたのです。いずれも一七九一年から九二年にかけて出版されました（けれど、ベンサムの好奇心をかきたてることはなかったようです[12]）。

〈人権〉を倫理面から理解することは、それを法的な要求とみなすこと（そして、ベンサムのように、〈人権〉を法的な主張と考えること）と相容れないだけではありません。〈人権〉にたいする法律中心のアプローチ、つまり〈人権〉を基本的には法律の基盤であるかのように考え、「審議を待つ法案」のように扱うやり方とも異なります。倫理的な権利と法的な権利は、もちろん発端においては関連しあっています。ハーバート・ハート〔イギリスの法哲学者〕は、有名な評論『自然権はあるのか？』のなかで、人が「倫理的権利について語るのは、主にそれを法制度に組み込もうと主張するときだ」と述べています。彼はこうも言いました。〈人権〉の概念は、「ある人の自由が、別の人の自由によってどんな場合に制限されるのかを見極めることに関係する倫理なのであり、したがって、どんな行動が強制的な法的規則の対象にふさわしいかを決定しようとするものだ[13]」。

ベンサムの場合は権利を「法律の申し子」と見ていましたが、ハートの見解はむしろ、一部の自然法を法律の親とみなすかたちをとっています。自然法が個々の法律を生むきっかけをつくり、影響を与えているという考えです。ハートは論文のなかで〈人権〉については何も触れていませんが、自然法の役割は法律を生みだすことだとする彼の理論は、〈人権〉の考え方に

も当てはまるでしょう。(14)

実際、倫理的な権利の概念が、新しい法律の基礎となりうる——そして現実にもしばしばそうなってきた——ことに関しては、ほとんど疑う余地がありません。倫理的な権利の概念は、たびたびこのように利用されてきました。それどころか、これこそが〈人権〉の重要な使い道なのです。

たとえば、アメリカの独立宣言において「奪うことのできない権利」の分析が引き合いにだされたのも、まさにこのやり方でしたし、のちにそれは権利章典にも反映されました。これは世界のさまざまな国の立法史のなかで踏襲されてきた道なのです。法律制定をうながすことは、確かに、〈人権〉の倫理的な力が建設的に使われてきた方式なのです。

しかし、そうした関連を認めたからといって、それは〈人権〉の正当性が、何を「強制的な法的規則の対象にすべきか」決めることだけにあると考えているわけではありません。〈人権〉の考え方は、いくつもの異なった方法で利用しうるものであり、実際そうされてきたことに気づかねばなりません。もっと言えば、〈人権〉を強力な倫理的要求——ハートの表現を借りれば、まさに「倫理的権利」——とみなせるなら、こうした要求を推進する際に、異なった手段を考慮するだけの普遍性があってしかるべきでしょう。

こう考えると、〈人権〉を推進し、実践する方法と手段は、新たな法律をつくることだけにかぎられる必要はないのです（法律化が実際に進むべき正しい道となる場合も、ときにはあるかもしれませんが）。たとえば、ヒューマン・ライツ・ウォッチやアムネスティ・インターナショナル、オックスファム、国境なき医師団といったNGOが実施している監視行動などの積極的な支援であれば、そうした活動そのものが〈人権〉として認められた権利を効果的に浸透させるうえで役立つでしょう。実際、多くの場合、立法化されるかどうかは、問題ではないのかもしれません。

権利、自由、社会的影響

ここで二番目の問いに移ることにします。〈人権〉はなぜ重要なのでしょうか？　〈人権〉の宣言とは、〈人権〉を明文化したなかで言及された自由の意義に適切な関心を払う必要があることを、倫理的に肯定するものです。となれば、まず考えるべき点は、人間の自由として認められるものの重要性についてでしょう。留意しなければならないのは、権利は要求（特に、違いをもたらしうる立場にいる他の人びとへの要求）を含むものですが、自由のほうはそれとは異なり、もともとは、人間の状態を表わしているということです。

（ベンサムのように）効用に注目するのではなく、人間としてふさわしい条件としての自由の重要性に注意を傾けることから始めれば、私たちは自らの権利と自由をたたえるだけでなく、他の人びとの重要な自由に関心を向けることにも、行動を起こす理由を見いだせるようになります。それは、(功利主義で言われるような) 快楽と欲望の充足のためだけではありません。倫理的な評価を下す基準として、効用を選ぶことを主張したベンサムのこだわりは、その代わりに自由に注目する理由とは対照的です。

私は別のところで、こうした理論になぜ説得力があるのかを述べ、自由を重視すれば、快楽や欲望の充足といったことのみに傾注したためにおちる大きな落とし穴も、ある程度は避けられると論じてきました。たとえば、功利主義の計算法には、評価にゆがみが生じるという難点があります。慢性的にめぐまれない立場にありながら、やむをえずわずかな施しに喜びを見いだし、「現実的な程度」まで欲望のレベルを下げることに甘んじているために、快楽や欲望の充足をはかる特別な規準では、さして欠乏していないように見える人びとの、ほんとうの困窮状態を無視しているからです。(15)

権利と関連する義務についての難しい問題に入る前に、権利と自由の関係をいくらか探っておく必要があります。これからその問題に触れていきます。

自由にも、さまざまな自由があり、その重要性は異なります。社会からの援助に影響される程度にも差が生じます。ある自由が〈人権〉の一部とみなされるには、他の人びとが多くの関心をもち、その自由を促進するために何ができるかを、当然考えるようになる必要があります。その自由はまた、こうした関心をいだくことによって、他の人びとが実質的に変化を起こせる可能性があるという条件も満たす必要があります。

ある自由が、〈人権〉のなかの個人間および双方向的な領域で意味をなすためには、その「重要性」と「社会を動かす力」に関する、なんらかの「最低条件」が必要となります。

たとえば、次にあげる四つの自由についてはどうでしょう。

▼人が暴行を受けずにすむ自由
▼健康上の深刻な問題に関して医療を受けられる自由
▼嫌っている隣人からしょっちゅう呼び出されない自由
▼静かな日々を送る自由

これら四つの自由は、確かにみなそれぞれに重要でしょう。「暴行を受けずにすむ自由」であれば、〈人権〉の対象としてふさわしいと主張しても、まったく見当違いではないし、「必要な医療を受ける自由」についても同様です。しかし、「嫌っている隣人から呼び出されない自由」は、一般に社会的な意義の範囲を超えてしまい、〈人権〉として認められるほど重要ではありません。同様に「静かな日々を送る自由」も、当人にとってはおそらくきわめて重要なことかもしれませんが、あまりにも内面的な問題であり、他人が影響をおよぼしにくいので、

〈人権〉にふさわしい対象にはなりません。

プロセス、機会、潜在能力

ここで、自由の内容とその多様な特徴について、詳しく検討することにします。以前、「機会」と「プロセス〔自由を得るための一連の行動〕」は、区別する必要のある自由の二つの側面であり、それぞれの重要性は別個に認識すべきものだと述べたことがあります[16]。一例をあげれば、実質的な機会とプロセスの自由のどちらにも、別々の妥当性（かならずしも独立してはいません）があることがわかるでしょう。

ここにある成人女性がいて、夜間に外出しようと考えていたとします。かりにこの女性をリマと呼ぶことにしましょう。用事をかたづけるためにリマが外出しても、特に安全上の問題はないと思われます。そこで、彼女はよく検討した結果、外出は差し支えないどころか望ましいことだと判断します。それでは、彼女の自由が侵害される恐れについて考えてみましょう。

たとえば、社会の守護者を自任する権威主義的な人物が、夜間（「とんでもない時間」に）は外出すべきでないと判断して、何らかの手段を講じてリマを家から出さなかった場合などです。この侵害例には、二つの異なる問題が含まれています。それに気づくには、別のケースを想定するといいでしょう。

権威主義的な監督者が、リマは絶対に外出しなければならないと決めたと考えてみるのです（「今晩は家から追いだす、言うことを聞け」のように）。リマは、どのみち選択したはずのことを強制されているだけだとしても、ここでは明らかに自由が侵害されています。これに関しては、「外出を自由に選ぶこと」と「外出を強いられること」の二つの選択肢をくらべれば、すぐにわかります。後者では、リマが行動を強いられているので、彼女の自由のプロセス面が直接に侵害されています。

自由を得る機会という点にも、影響はおよぶかもしれません。「機会」の説明として妥当と思われるものには、選択肢があること――なかでも自由な選択が尊重されること――が含まれます。ただし、機会面における侵害は、リマが他人の選んだことを強制的にやらされるだけでなく、むしろ、彼女が本来なら選ばなかったことを強いられた場合に、より深刻で明白なものになるでしょう。

自由であれば、いずれにしても外出したであろうときに「外出を強いられること」と、たとえば、「家でほかの人の靴を磨く（好きな活動ではない）のを強いられること」を比較すると、この違いがよくわかります。それは主として、プロセス面よりも、機会面における差異なのです。家にいてほかの人の靴を磨くことを無理強いされれば、リマは二つの意味で自由を失います。選択の自由のない状態を強いられること、および特に自分では選ばないことをやらざるをえない状態になることです。

プロセスも機会も、〈人権〉のなかでは重要なものです。たとえば、正式な裁判を受けずに拘束された場合のように、「適正な法手続き」を否定されることは（公正な裁判を受けても同じ結果だったとしても）、〈人権〉の対象となりえますし、医療を受ける機会や、襲われる危険なしに暮らせる機会を否定されることも同じです。

自由を得る機会については、一般に「潜在能力《ケイパビリティ》」という考え方が有意義なアプローチを示してくれます。潜在能力とはすなわち、人間の生命活動《ファンクショニング》を組み合わせて価値のあるものにする機会であり、人にできること、もしくは人がなれる状態を表わします。

潜在能力という考え方によるアプローチは、まったく同じ手段をもった人同士でも、現実に与えられる機会はきわめて異なったものになる可能性があることを教えてくれます。

たとえば、所得もそれ以外の「基本財」も完全に同じ条件であれば、障害者がなしとげられることは、健常者よりもはるかにかぎられています。したがって、所得や財産、他の基本財のような手段を同じだけ所有している健常者とくらべた場合に、障害者は実際にまったく同じ機会にめぐまれているとは言えないのです。

潜在能力という考え方によるアプローチは、人が扱える手段ではなく、その人に現実に与えられている機会を重視しますし、さらに言えば、手段と実際の機会との関係を限定する要因がどう変化するかを考慮しているのです。

しかし、こうした実質的な機会——つまり、なんらかの生活を送ること——を「自由」とみなすことには強い批判もあり、これでは自由の概念にあまりにも多くのものが含まれすぎると も言われています。たとえば、私の『自由と経済開発』（一九九九年〔邦訳二〇〇〇年刊〕）について、スーザン・オーキン〔アメリカの政治哲学者〕は示唆に富む批評を書いています。そのなかで彼女は、私が「自由の概念を拡大しすぎる」きらいがあるという議論を提示し、次のように述べています。

「人間の一部の生命活動や、健康や良好な栄養状態といった、ニーズや欲求の充足を自由として理解するのは、人間にとって重要なものすべてを意味するところまで、自由という言葉を拡大しないかぎり難しい(17)」

実際、自由の概念をどれだけ広く使うべきかについては、議論の余地があります(18)。ただし、オーキンの反論のなかにあげられた特定の事例は、潜在能力の考え方の根底にある自由の概念を単純に誤解したことによるのではないでしょうか。健康であるとか、栄養が行き届いているといった生命活動を、なんらかの自由とみなすべきだと、私は述べたわけではありません。むしろ、潜在能力のかたちをとる自由は、生命活動を組み合わせたものを達成する機会に重点をおいています（そうした生命活動には、とりわけ、この特定の事例のように、栄養状態がいいことや、健康である機会が含まれています）。人がこの機会を利用するか、しないかは自由なのです。潜在能力は既存のものに代わる、生命活動の組み合わせを表わしており、人にはそれを選択する自由があります。

したがって、栄養が行き届き健康である状態を、自由そのものとみなすべきだとは、私はまったく述べていません。潜在能力は一種の自由であり、これは人が良好な栄養状態であることをはじめ、生命活動の特定な組み合わせをどれだけ選択できるかを表わすものです。実際にその人が何を選んでもかまわないのです。

マハトマ・ガンディが、イギリスの支配下のインドでとられていた政策に抗議して断食を決意した際、充分な栄養をとる機会を利用しなかったことは有名です。栄養状態を良好にたもつという実際の生命活動からすれば、断食するガンディは飢饉の犠牲者と変わりませんが、両者に与えられた自由と機会は、それぞれ大きく異なるものでした。特定のものを保有する自由は、実際にそのものを保有していることと区別できるのです。人が現実に保有しているだけでなく、保有する自由があることこそが、社会正義を扱う理論では問題とされる、と私は論じたのです。〈人権を定義づける理論〉における実質的な自由に関しても同様のことが言えるでしょう。

生きるのに最低限必要なものでさえ欠乏する深刻な状況が世界各地で起きており、それらの多くが選択されたものではなく、こうした状況を回避する自由がないことから生じていると思われます。この現実は、自由の役割を強調する行動を起こす大きな理由となります（貧困に関する昔の文献は伝統的に、自ら「怠惰」な生活を選んでいるとしていましたが）。

こういった理由からマルクスは、「状況とチャンスが個人を支配している状態を、個人が状況とチャンスを支配する状態に」変える必要性を、熱心に説くようになりました。(19)

西欧や北米に新たに移住した人びとが、出身国の祖先から受け継いだ文化的慣習やライフスタイルを維持する自由について考えてみましょう。問題はかなり複雑でありまして、何かをおこなうことと、それを実行する自由があることを区別しなければ、これをきちんと評価できません。移民には、祖先のライフスタイルの少なくとも一部を維持する自由があると強く主張することはできますが、だからといってこれを、移民が好むと好まざるとにかかわらず、祖先のライフスタイルに従うことを支持する議論だとみなすべきではありません。

ここでは、祖先の慣習に従うことを含め、移民がどう生きるかを選ぶ自由があることが重要なのです。選択可能な別の方法や、その移民が実際に下す選択と無関係に、特定の慣習に従わせるという議論にすりかえるべきではありません。

義務、充分な検討、不完全義務

権利と相関関係にある義務について述べます。ここでもまた、自由の重要性と、その異なった側面の検証から始めることができます。自由は重要です。ですから、人びとがそれぞれの自由を守り、促進するために、おたがい何をすべきか問うのは当然のことです。重要な権利の基礎となる自由が侵害される――または実現されない――ような事態が起こることは、好ましくないので、自分たちが侵害の原因となっていなくても、自由を促進するためになすべきことを、当然、誰もが考慮しなければなりません。

とはいえ、結果重視の倫理体系では、ほかの人を支援する行動を起こす理由は簡単に理解できても、いざ実際に義務をはたすための行動を充分に検討するとなると、少なくとも最初は、完全な論理の飛躍のように思えるかもしれません。

しかし、そのように隔たりを感じるのはほとんど錯覚によるものです。その違いが実際にはっきりしてくるのは、問題になっていることについて、論理の通ったかたちで充分に検討するだけではすまず、そうした行動を起こすことが絶対的な義務になったときです。それ以外のことがどんなに重要だと思っていても、ほかに考えなければいけないどのような責任があっても、行動しなければならなくなる場合です。もっとも、強制的な行動を人間の義務とするそのような見方は、行動する理由の認識とかけ離れているだけでなく、説得力に欠け内面の一貫性すらありません。行動する理由のある立派な行為はいくらでもありますが、そうしたすべてを実行することは一般には不可能です。そのため優先順位を見きわめる必要があり、義務として充分に検討することに、良識ある行動がともなうようにしなければなりません。

さまざまな行動について充分に検討する義務があると認めたからといって、決して抜き差しならぬ状況におちいることに同意しているわけではありません。また、これに関連して、その逆もしかりと強調することもとりわけ重要です。たとえ実践理性にもとづく込み入った推論はおこなわないと決めても、それゆえに、ほかの人の権利のために、またその根底にある重要で影響力をもつ自由のために自分に何ができるか、人には検討する義務があることを否定する根拠にはなりません。どのくらいその義務が求められるかは、人の実践的推論に影響を与える多様な要因によっても異なるでしょう[20]。先ほど述べましたように、特定の自由を〈人権〉として認識することがすでに、そうした自由の一般的な重要性と、社会を動かしうる力の評価を反映していたとしても、人は具体的な場面で、自分は特に何をすればよいのか合理的に判断する際には、このような全般的なことだけでなく、より具体的な状況も考慮しなければなりません。

たとえば、問題となるケースの自由と権利が、人の行動をうながす別の要求とくらべて、どれだけ重要か判断する必要があるのです。そうした要求には、別の権利と自由がかかわっていますが、さらにその人が特にかかえている、まったく異なった問題も関与してきます。そのうえ、人はこのような場合に、一人で行動するのか、ほかの人と協力するのか、そうすればどれだけ違いを生みだせるのかも判断しなければなりません。ほかの人に何が期待できるのか考えてみるのも有意義ですし、必要とされる支援活動を潜在的な行為者のあいだで分担することの是非を検討するのも大切でしょう。

人がなすべきことを合理的に評価するには、こうしたさまざまな条件をいくつも考慮せざるをえません。そうした評価を下す必要性が完全に認められてからもそれはつづきます。また、どんな行動をとるべきか詳しく考えるだけでも時間がかかりますし、現実に世界のあらゆる災難に対処することもできません。そのため、さまざまな問題を充分に検討する義務は、多くの場合、それらを丹念に精査する責任にまでは発展しません。ただ時宜にかなった適切な機会にめぐりあったときに、そのような行動をとる意欲さえあればいいのです。

したがって、すべての人類の権利と自由に関する義務を認めたからといって、それを途方もない要求を課す命令として考える必要はありません。また、充分な検討のおよぶ範囲も効力も、それを規定する要因しだいでいろいろ変わります。けれど、そうした検討を求めること自体は、決して無意味ではありません。人びとに一般に課される基本的な義務は、問題となるケースに関連した要因に留意しながら、倫理的に何をすべきか、自ら進んで真剣に検討することなのです。そうした問いかけをすることの必要性こそが、（自ら実際に加害者にならないかぎり、他の人びとに負うものはないという想定のもとに議論を進めるのではなく）、倫理問題におけるより包括的な論理づけの始まりとなるでしょう。(21) 〈人権〉が意味をなす領域は間違いなくそこにあります。
しかし、ここで推論を終えてはいけません。人の能力も、それのおよぶ範囲もかぎられているうえに、多様な義務や、他の道徳的な懸案について優先順位を決める必要があることを考えれば、実践的推論には真剣に取り組む必要があります。そこでは「不完全義務」を含めて、人のさまざまな義務が、明確にあるいはそれとなく考慮されなければならないのです。

〈人権〉を認めることは、〈人権〉に関するあらゆる侵害を防ぐために、それがどこで起ころうと、世界中のすべての人が支援に立ち上がれ、という主張ではありません。むしろ、そうした権利の侵害を防ぐために役立ちそうな立場にいる場合、そのような行動を考慮する義務があることを認めているわけです。とはいえ、そのほかの義務や、あるいは義務ではない用事が、いま問題となっている特定の行動を起こす理由に勝る可能性もあるでしょう。しかし、そうした特定の行動を起こす理由を「自分には関係ない」こととして簡単に退けることはできません。

明確に定められていない義務を、まったく義務がない状態と混同してはいけないのです。それどころか、こうした義務は、先ほど述べましたように、イマヌエル・カントが「不完全義務」と呼んで、きわめて重要なものとして位置づけた種類の義務なのです。

留意してほしいのは、こうした見解では、不完全義務は、特定の人がおこなわなければならない特別な行為として、すっかり明確化された義務である「完全義務」を超えた倫理的な要求だということです。「不完全義務」には、〈人権〉を脅かされている人に適切な支援をほどこせる立場にいる人すべてに、真剣な考慮を求める要求が含まれています。こうした「不完全義務」も、はっきりと定められた「完全義務」と同様に、〈人権〉を認めることと確実に関連しあっています。違いは義務の性質と形態にあるのであって、権利と義務のあいだの一般的な相関関係にあるのではありません。それは不完全義務でも完全義務でも、同じことなのです。

種類の異なる義務のあいだの相違点については、具体的な例をもって示すほうがわかりやすいかもしれません。そうした相違点は、内容こそ違うものの、同じようなかたちで〈人権〉にもかかわってくるからです。

一九六四年にニューヨークのクィーンズで実際に起きた事件で考えてみましょう。キティ・ジェノヴィーズという女性が襲われて殺され、その状況を他の人びとが各々のアパートからはっきりと見ていたのに、彼女を助けるために何もしなかったという事件です。ここでは三つの恐ろしいことが起こったと考えられるでしょう。それぞれが違うことを指摘していますが、たがいに関係があります。

▼襲われたり殺されたりしない、この女性の自由および権利が侵害された（明らかに、このケースで最も忌まわしいこと）。

▼襲撃や殺害にたいして誰もが守るべき安全を、殺人者は侵害した（「完全義務」の侵害）。

▼犠牲者を助けるためになんら行動しなかった人びとは、当然期待される救援にたいする一般的な、そして「不完全な」義務に違反した。

こうした明確な義務の怠りから、倫理構造のなかの権利と義務の複雑な相関関係のパターンが明らかになります。それは、〈人権〉を評価する枠組みを説明するのに役立つものであり、そこから完全義務とともに不完全義務も生みだされます。

〈人権〉の倫理的な要求につきもののあいまいさは、しばしば、法的な権利の厳密さと考えられているものと対比されます。しかし、この対比そのものは、不完全義務との差異も含めて、倫理的な要求にとって大きな弱点ではありません。規準となる論理の枠組みには、当然ながら、明確化された法的な要求には収まりきれない、多様なものが含まれうるからです。アリストテレスも『ニコマコス倫理学』で述べているように、私たちが「ものごとの隅々《すみずみ》にまで明確さを求めるのは、その問題の本質が許すかぎりにおいて」でしかないのです(22)。

もっとも、厳密さを欠いてはいますが、第三者に適切な援助を与えることが法律で要求されている場合も一部の諸国ではあります。たとえば、フランスの法律には、特定の違反行為があったために苦しんでいる人びとに、それなりの支援がおこなわれなかった場合に適用する「怠慢の刑事責任」の条項があります。当然のことながら、そうした法律を適用する際のかなりのあいまいさについては、近年しばしば議論されてきました。[23] 第三者が他の人びとに負う義務全般になんらかの留保が与えられているかぎり、この種の義務のあいまいさは倫理でも法律でも残ってしまうものであり、こうしたことは適切な〈人権を定義づける理論〉においても回避できません。

認知、運動、立法化

ここまでに試みた分析は、他の人びととの〈人権〉を守り促進するためにとりうる行動全般を、充分に検討することについて述べたものです。ところが、〈人権を定義づける理論〉に関する研究で、これまで最も注目されてきたのは、どちらかと言うと〈人権〉の立法化とその制度化についてでした。〈人権〉の解釈によく組み込まれているのも、この立法面の見解です。確かに、法律にすることも公共活動の大切な領域です。しかし、認められた〈人権〉の大義を推し進めるうえでは、それ以外にもしばしば効果を発揮する重要な方法や手段があります。

第一に、「認知の道」とでも呼ぶべきアプローチ（「立法化の道」とは区別します）です。これは基本的な〈人権〉と考えられる種類の要求については認めますが、かならずしもそれを立法化しませんし、強制する制度でもありません。[24] 一九四八年に国連が主唱した世界人権宣言は、〈人権〉に関する世界的な活動を促進するために、おそらく二〇世紀で最も重要な方法であり、まさに「認知の道」のアプローチに当てはまります(人権宣言の立案者は、各国においても具体的な権利宣言が制定されることも期待していたのですが)。

その後も、国際的な宣言は主に国連を通じて相次ぎ、法的な、あるいは強制するような位置づけではなく、多岐にわたる一般的な要求として承認されました。一九八六年に調印された「発展の権利に関する宣言」なども、そうしたものの一つです。これらの発端となったのは、〈人権〉がもつ倫理的な影響力を社会的に認知し、その位置づけを承認すれば、強制する制度がなくても、実際にはその効力は増すだろうという考え方です。

第二に〈人権〉を推進するには、「認知」にとどまらずに、積極的な社会運動にまで発展させる必要があります。組織的な擁護活動によって、〈人権〉と考えられるすべての人類の基本的な要求を順守することを求める場合もあれば、権利の侵害を監視し、社会的な圧力を効果的にかけようとする場合もあります。国際的なNGOは、公共の場での議論と支援活動を通じて、あるいは広報活動や侵害を非難する運動を通じて、〈人権〉の推進にかかわっています。

こうした取り組みは、ヒューマン・ライツ・ウォッチやアムネスティ・インターナショナルなどの〈人権〉専門の組織のみが実施しているのではなく、オックスファム、国境なき医師団、赤十字、セーブ・ザ・チルドレン、アクション・エイドなどの組織もかかわっています。この「社会運動の道」が訴える権利は、問題となっている国で法的に位置づけられていることもあれば、そうでないこともあります。法的な裏づけがない場合でも、かならずしも擁護や支援が無駄になることはありません。さらに、〈人権〉として認められた権利が法的に位置づけられている場合でも、その法律をきちんと施行するには、やはり積極的な公共活動が必要となるでしょう。それは立法の過程そのものとは別の問題なのです。

三つ目のアプローチは、もちろん「立法化の道」です。すでに述べましたように、〈人権〉の倫理は、単に「人権法」の「親」とみなすべきものではありません。しかし、そうした立法行為の多くが〈人権〉を考慮するところから生みだされ、促進されたのは明白な事実です。実際に、多くの法律が各国または国家連合によって制定され、基本的な〈人権〉とみなされる特定の権利に法的な効力が与えられました。

たとえば、一九五〇年に欧州人権条約につづいて創設された欧州人権裁判所では、締約国内の個人によって提起された人権侵害の訴訟も取り扱うことができます。一九九八年の人権規約はこれを補うもので、欧州人権条約の主な条項を国内法に盛り込むことを目的として、各国内における判決でこれらの条項が「公正に達成」されているか監督する役目を、欧州人権裁判所がはたしています。「立法化の道」は、かなり積極的に利用されてきたのです。

立法化の道の適切な範囲については、興味深い問題があります。ある〈人権〉がとても重要であっても、一般論として、それを明確に規定された法的権利にすることが望ましいとはかぎらないと思います。たとえば、伝統的に男女差別の激しい社会であっても、家族の問題に関して意見を言う妻の道徳的な権利を認め、その権利を守ることはとても大切でしょう。また、〈人権〉として認めるために必要な最低条件も難なく満たすでしょう。[25] それでも、この〈人権〉が倫理的にも政治的にも大きな意味をもつことを強調し擁護する人たちですら、かなり高い確率で（ハーバート・ハートの表現を借りれば）、それを「強制的な法的規則」に変えるのは妥当でない、と考えるはずです（妻に相談しなかった場合に、夫が収監されることだって考えられるからです）。必要な場合には、変革は別の方法でもたらすしかありません。[26]〈人権〉については、その主張が伝わり擁護され、公の場における情報にもとづいた討論がなされることが重要なのであって、かならずしも強制的な法律に頼らなくても影響をおよぼせるのです。

また、話すのがさほど得意でない人が、公開の議論の場で弁の立つ無礼な人間に発言をさえぎられないようにする、道徳的または政治的な権利は、容易に〈人権〉とみなせます。口下手な人間の自尊心にとっても公益のためにも、これは重要なことかもしれません。しかし、この問題は刑罰がともなう法律の対象としてはふさわしくないでしょう。このような〈人権〉を擁護するには、別の方法を探す必要があります。〈人権〉という概念によって、法案が生みだされるとはかぎらないのです。

経済的権利と社会的権利

ここで〈人権〉への批判にたいして、それも特に〈人権〉の考え方を拡大して、経済的・社会的な権利——たとえば、飢えない権利や、基礎教育あるいは医療を受ける権利など——を含めることにたいする批判に目を向けることにします。こうした権利はアメリカの独立宣言や、フランス人権宣言といった古典的宣言には見られません。しかし、これらはキャス・サンスティーン〔アメリカの憲法学者〕が「権利革命」と呼ぶものの一部なのです(27)。これらの権利を一般的な〈人権〉に含めることは、二つの路線から正当性を疑われています。私はそれぞれを「制度化批判」と「実現可能性批判」と呼ぶことにします。

制度化批判は特に経済的・社会的権利に向けられます。真正な権利とそれに関連する義務とのあいだには、厳密な相関関係がなければならない、という問題にかかわっています。そうした関係は、権利が制度化されて初めて存在する、という主張です。オノーラ・オニール〔イギリスの倫理学者〕は強い口調で次のように提示しました。

残念ながら、権利に関する文書やレトリックの多くは、モノやサービスにたいする普遍的な権利を安易に主張し、とりわけ「福祉権」などの経済的・文化的権利を主張する。こうした権利は、国際的な憲章や宣言に顕著に見られるが、権利の保有者とされるそれぞれの人と、特定の義務の負担者とを何が結びつけているのか示したためしがなく、そのためこうした権利と考えられるものの内容はまったく漠然としたままである。……普遍的な経済、社会および文化の権利を主張する人びとの一部は、それらの権利は制度化しうるものだと強調するにとどめている。これは事実だ。しかし、異なっている点は、それらが制度化されなければならないというところなのだ。制度化されなければ、権利は存在しないのである。(28)

この重大な批判に応えるにあたって、これまで述べてきた「義務には完全な義務も不完全な義務もありうる」という解釈を思い起こす必要があります。襲撃されない自由のように、昔からある「第一世代」の権利ですら、他の人びとへの不完全義務を生みだすものとみなせるのです。ニューヨークの公衆の面前で、キティ・ジェノヴィーズが襲われた事件の例を考えれば、それがよくわかるでしょう。制度化の可能性しだいで、経済的・社会的な権利もやはり、完全義務と不完全義務の双方を生みだすかもしれません。ここには、公共の場で実りある議論を重ね、おそらくは効果的な圧力をかけられる大きな可能性があります。そうした議論は、基本となるいくつかの経済的・社会的権利の侵害（たとえば、広範な飢饉や、慢性的な栄養不良、医療不足に関連したもの）を防ぐために、社会や国家には——たとえ貧しい国でも——何ができるかをめぐっておこなわれます。

実際、社会的な組織の支援活動がそれこそ制度的な変革を目的とすることもよくあります。こうした活動は、基本的な〈人権〉が侵害されている社会において、個人および団体が負う不完全義務の一環とみなすこともできます。オノーラ・オニールが、「福祉権」(および社会的・経済的な権利一般)を実現させるために、制度が重要であると強調したのは正しいと思います。しかし、こうした権利の倫理的な意義こそが、制度面における拡大と改革を通じて、権利の実現をはかるための確実な根拠を提供しているのです。

たとえば、適切な法律の制定を要求することや、政治的な認知と社会の監視の目によって法的な要求を後押しすることなど、多様なアプローチを考えることができます。けれど、こうした要求の倫理的な位置づけを否定すれば、これらの建設的な活動の原動力となる論理を無視することになるでしょう。

それでは「実現可能性批判」に移ります。これは経済的・社会的権利と呼ばれるものの多くは、最善の努力をつくしても、すべての人にたいして実現するのは不可能かもしれない、という考え方です。こうした批判は(それ自体と利害関係のある)経験から得た知識にすぎないはずです。しかし、この考えではあまり擁護されていない仮定を根拠に、要求されている権利の容認を拒む強力な批判に仕立てられています。つまり、すでに承認された〈人権〉は、当然、全面的に達成できるものでなければならない、とみなしているのです。この仮定を受け入れるならば、いわゆる経済的・社会的権利の多くは、すぐさま〈人権〉と考えられるものの領域外に押しやられ、貧しい社会ではなおさらそれが顕著になるでしょう。

モーリス・クランストン〔イギリスの政治哲学者〕は次のように論じます。

> 伝統的な政治的権利や市民権であれば、制度化は難しくない。これらの権利はたいがい政府にも、世間一般にたいしても、人に干渉しないことを求める。……ところが、経済的・社会的権利にたいする要求が突きつける問題は、まったく別の次元のものだ。工業化がほとんど始まっていないアジアやアフリカ、南米の一部の地域の政府にたいして、これらの国に住む何百万もの人びとに、しかも急速に人口が増加しつつある国民に、適切な社会保障や有給休暇など、どうすれば実現できるのだろうか？[29]

こうした否定的見解を検討するにあたっては、次のようにたずねてみる必要があります。完全に実現可能であることが、なぜ〈人権〉に説得力をもたせるための条件にならなければならないのか、と。そもそもの目的は、〈人権〉の実現をうながすために努力することであり、必要であればその実現可能性を拡大させることだったはずです。一部の権利が充分に実現されていないことがわかり、現状においては実現可能ですらないかもしれないと理解したからと言って、これらはまるで権利とはみなせない、という結論に結びつけることはできません。むしろ、こう理解することは、一般的な風潮に影響を与え達成されていない権利を実現可能なものにし、最終的には実現させる必要性を示唆するものなのです。

また、実現可能性の問題は経済的・社会的権利にかぎったものではありません。これはもっと広範な問題なのです。クランストンが実に簡単に考えていた、人が「干渉されない」でいることの保障が、自由や自治に関しても、容易であったためしはありません。このような基本的事実は、いまではかなり明確に認識せざるをえません。少なくとも、二〇〇一年九月一一日以降はそうですし、より最近の出来事においても同様です。どの権利にしても、それが説得力をもつための必要条件として、完全達成を保障する実現可能性が問われるとしたら、経済的・社会的権利どころか、自由や自治、さらには政治的権利ですら、少しも説得力をもたなくなるでしょう。

公共の論理がおよぶ範囲

最後に、六番目の問い、つまり〈人権〉の正当化と批判的な評価について見ていきましょう。ある要求が〈人権〉として受け入れられるかどうかは、どうすれば判断できるのでしょうか？ また、そうした要求が直面するであろう批判については、どのように考えればよいのでしょう？　このような論争や弁護は、どう展開されるのでしょうか？

私の考えでは、他の倫理的な要求を評価するときと同様に、情報にもとづいた公開の精査が必要になります。今後それを否定するのか肯定するのかを決めるためには、そうした精査に目を向けなければなりません。これらの倫理的な要求の位置づけは、最終的にそれが制約のない議論のなかで生き残れるかどうかに左右されます。この意味では、〈人権〉としての実現可能性は、ジョン・ロールズが「公共の論理」と呼んだものと、それが「倫理的な客観性」においてはたす役割と関連しています(30)。

実際のところ、〈公共の論理〉と〈人権〉の明文化とその適用、との関係を理解することがきわめて重要です。〈公共の論理〉では、倫理的な要求を一般的に妥当とするか否定するかは、それが公共の精査でも生き残り、勢いを失わないかどうかにかかっています。同時に、情報を幅広く充分に得られるかという点にも影響されます。〈人権〉として要求されたものが、広く一般から精査された結果生き残れないことが示されれば、その要求は決定的に効力を失ってしまうでしょう。

〈人権〉にたいする疑念や否定の理由として、政治的・社会的に抑圧された体制下では、一般に開かれた議論が認められていないので、こうした〈人権〉の多くはまったく真剣に扱われていないと、よく指摘されます。しかし、その事実（たとえ現実にそうだとしても）を取りあげるだけでは、〈人権〉の主張を退けることはできません。制限されることのない厳しい批判の目は、〈人権〉を否定する場合にも、擁護するときと同様に欠かせないものなのです。〈人権〉を適用する場合にも、人権侵害の監視と「名指しで非難」する方法が、(少なくとも違反者を守勢に立たせるうえで)これほど効果を発揮している現実を見れば、情報が入手できて、倫理的な議論が抑制されずに認められた場合の〈公共の論理〉がおよぶ範囲は、ある程度わかります。

ただし、〈公共の論理〉の範囲を特定の社会だけに限定してはなりません。とりわけ〈人権〉の場合は、すべての人類に適用することを目的としていますから、普遍的なものにならざるをえないのです。また、これらの権利の本質を考えればなおさらです。このことは、ロールズが特に晩年の著作で見せた考えとは対照をなしています。ロールズは、そのような公共の場での対立を特定の国の境界内に(あるいは彼がこの地域的な集合体を称して「国民」と呼んだなかに)限定して、少なくとも内政問題において何が適切かを決める、と考えていました。[31] むしろ、こうした議論には、それが国内の社会正義に関するものであっても、「一定の距離」から眺めた見解も含めるべきだということは強く要求できるでしょう。たとえ、それが地域特有の偏見を避け、より広範な反論を検討するためだけであってもかまいません。このことの必要性は、アダム・スミスも強く認識していました。

われわれ自身の感情や動機づけを調べることはできないし、それらに関する判断も下せない。そうするためには、いわば、自らを生まれもった地位から引き離し、一定の距離をおいてそれらを見るように努めるしかない。しかし、そのためには、他人の目から、あるいは他人がそれらを見そうな方法で眺めようと心がける以外にすべはない(32)。

アダム・スミスのアプローチに見られる普遍性からは、ある疑問が生じてきます。「越えられない」文化の壁と言われるものがあるとすると、遠くにいる人びとがある地域特有の問題をきちんと精査できるのでしょうか。

フランスの「人間の権利」宣言および、その普遍主義的な精神を、エドマンド・バーク〔一八世紀イギリスの思想家・政治家〕が批判したなかに、他の文化ではその概念が受け入れられるのかという問題がありました。バークはこう論じています。

「自由も制約も、時代と状況によって変わるものであり、限りなく変容しつづけるものであって、理論的にまとめることができない(33)」

このような――もしくは類似の――根拠によって、〈人権〉の概念の基礎をなす普遍性は根本的に間違っている、とする主張は他の多くの文献にもでてきます。

たとえば、二〇世紀初頭の主要なマルクス主義思想家で、政治指導者でもあったローザ・ルクセンブルクも、「『人間の権利』や『市民の権利』といった形而上学的な決まり文句」と彼女が呼ぶものについて、やはり同じような批判路線に訴えました。[34] しかし、ローザ・ルクセンブルクがほんとうに関心をいだいていたことを掘り下げてみれば、彼女自身も普遍的な原則を主張しつづけていたという、注目すべき事実が浮かびあがります。マルクス主義の伝統では、こうしたことはかなり一般的に見られるのです（たとえば、マルクスの「人はそれぞれの能力に応じて、それぞれが必要とするものを」も、その一例です）。

ルクセンブルクはむしろ、こうした原則を具体化させるには、特定の状況に頼らなければならない点を、懸命に強調していたのです。レトリックを除いてみれば、根本から普遍的な原則を一般に取り入れるのは、実際には難しいことではありません。ルクセンブルクが指摘したとおり、〈人権〉の具体的な要求について起こりうる条件のなかで、その土地の状況や地域的な条件の妥当性に留意すればよいわけです。

ところが、異なった文化の価値観のあいだに越えられない壁があるという考えは、何世紀も前からたびたび浮上しては消えてきました。そして、今日また勢いを得て声高に論じられています。優れた独自性——そして、しばしばその優位性——を主張する声は、ときには「西洋的な価値観」を批判する人びとのあいだからあがりました。それは地域的な道徳を擁護する人びと（その顕著な例として、一九九〇年代に「アジアの価値観」の比類なき優越性が喧伝《けんでん》されました）から、宗教的または文化的な分離主義者までさまざまであり、なんらかの原理主義がともなうこともあれば、ともなわない場合もあります。

異なった社会間に存在する、自由と権利の問題における差異は、往々にしてひどく誇張されるものです。その一方でそれぞれの地域文化が、時がたつにつれて、あるいはある一時期（特に現在のように）に、相当な変化をとげることにはほとんど関心が払われません。「外来の」批判とされるものは、しばしば国内の非主流グループからの批判と一致しています。たとえば、イランの反体制派が、まさにその異端性ゆえに、権威主義的な政権によって投獄された場合、彼らを「イランの反体制派」ではなく、「西洋の価値観を売り込む特使」とみなすべきだなどと言えば、事態はますます深刻になるでしょう。

この問題はとりわけ、さまざまな文化の違いがあるなかで、文化的「党派性」と見られかねないことを特定するうえで重要です。チャールズ・ベイツ〔アメリカの政治学者〕は、「世界各地の文化に見られる政治的な正義または正当性の概念と釣り合いのとれた関係」から、〈人権〉の効力が生じることはない、とはっきり言いきりました。彼はむしろ、「国際関係において〈人権〉がになう役割」という観点から、〈人権〉を正当化しようと試みています。(35)

それにしても、この「役割」はその受容可能性という点からどのように判断され、またそうした評価はどの程度に文化的「党派性」となるのでしょうか？　ここで提示された論理づけが正しいとすれば、私たちは次の二つを区別しなければなりません。

▼一つの社会（それがどれほど抑圧的であっても）のなかで最も好まれる価値観。

▼開かれた議論が認められていて、他の社会に関する情報が自由に入手可能で、確立された見解にたいして何の抑圧も不安もなく異議が唱えられ弁護ができ、より多くの人びとの確かな支持が得られるであろう価値観。

世界中の人びとが行動に加わるためには、「無党派性」が必要です。これは、情報がきわめて制限され、議論や異議申し立てが許されない既存の社会のなかで一般的とされる優先事項を、受け入れることと同じではありません。幅広い受容可能性は、いますでにあちこちで受容されている状態とは区別しなければなりません。これはまた社会を評価する際の重要な問題となり、国際関係において〈人権〉がはたす役割を論じるうえでも見落とせません。

もちろん、国や社会が異なれば、表立って主張された意見と現実に見られる先入観とのあいだにかなりの違いがあります。このような意見や信念はたいてい、アダム・スミスが啓発的な分析のなかで記したように、世界のさまざまな国の既存の慣例から影響を受けています。同時に広い意味での知的な社会参加の欠如も表わしています。

だからこそ、広く一般の人びとから精査を受け、（世界の国々の慣例や経験に関する情報を含め）無制限に情報が得られることが、とりわけ意味をなすのです。そのため、アダム・スミスが行動や慣例を「一定の距離」をおいて見る必要性を主張したことが、実質倫理一般にとっても、特に〈人権〉を理解するうえでも、とても重要なのです。

「道徳的是認および否認の感情にたいして、慣習と流行がおよぼす影響について」と題された一章のなかで、アダム・スミスは次のように主張しました。


嬰児《えいじ》殺しは、ギリシャのほぼすべての都市国家で認められており、教養があり、文明的なアテナイの人びとですら、この慣習を大目に見ていた。親の事情で子供を育てるのが不都合な場合はいつも、その子を捨てて飢え死にさせても獣の餌食《えじき》にしても、非難もされなければ、とがめられることもなかった。……途切れなくつづいてきた、こうした慣習はこのころにはすっかり認められており、世間の野放し状態のなかでこの野蛮な特権が黙認されるばかりか、公正で正確であったはずの哲学者の学説ですら、既成の慣習にすっかり惑わされていた。そして、ご多分にもれず、この場合もとがめだてをする代わりに、公共の効用を考慮するというこじつけのもとに、恐ろしい悪習が支持されたのだ。アリストテレスはこれについて、多くの場合、為政者が奨励しなければならない措置だと語った。プラトンも同じ見解であり、あれほど人類愛にあふれ、それが彼のあらゆる著作の原動力となっているはずなのに、この慣習への否認はどこにも記されていない。(36)

孤立した社会のなかでは、完全に「正常」で「良識ある」ものだと思われている慣習でも、幅広い根拠にもとづいて、あまり制約を受けないかたちで検証されると、生き残らないかもしれません。本能による偏狭な反応がひとたび批判的な精査に代わり、世界各地の慣習と規範にさまざまな違いがあることがよく認識されるようになった場合にはそうなるでしょう。(37)

一定の「距離」をおいた精査は、さまざまな慣習を検討するうえで何かしら役立つのではないでしょうか。それは、たとえば、タリバン政権下のアフガニスタンでの姦通女性にたいする石たたきの刑から、アメリカの一部の州で（ときには大衆に歓迎されながら）、死刑が頻繁に執行されていることまで、じつに多様な慣習が対象となります。これこそ、アダム・スミスが「刑罰が確かに公正か」どうかを知るために、「他の人間の目」に照らしてみなければならないと主張したような問題なのです。(38) 結局、道徳面からの批判的な精査のためには、「他人の目で「私たちの感情と信念を」観察する、あるいは他人がそれらを眺めるであろう方法を心がける」必要があるのです。(39)

国境を越えた双方向の交流の必要性は、裕福な社会にとっても、貧しい社会にとっても重要です。[40] ここで気をつけなければいけないのは、国境を越えた精査が容認されているかどうかではありません。ある地域だけに限られた道徳感情であっても、それを厳しく評価するには、そうした精査が必要、ということなのです。

人権を定義づける理論と実践

私は本稿で、〈人権を定義づける理論〉の構成要素を示そうと試みました。それらは、社会倫理における主張であり、開かれた〈公共の論理〉によって持続可能となるものです。特定の「人権法」を通じて、法的な枠組みに反映されている場合も、そうではない場合もありますが、〈人権〉を実現する方法は、立法化以外にも（社会全体の承認、社会運動、監視活動など）いろいろあります。

本稿のメインテーマについては前半で詳しく述べましたので、ここでまとめ直すことはしません。しかし、〈人権〉にたいする理解とその実現の可能性は、人びとが国境を越えて繰り広げる公の場の議論と密接にかかわっていることは、強調しておきたいと思います。〈人権〉の実現可能性と普遍性は、広く一般からの〈公共の論理〉による批判の目をくぐり抜けられるかどうかにかかっています。公共の精査という方法論は、ロールズによる倫理の「客観性」の考え方から得たものですが、必要とされる公平さは、一国内の問題にとどめることはできません。権威主義的な体制は、検閲を受けないニュースメディアや、規制されない公の場における議論を非常に恐れます。そして、しばしば（検閲、脅迫、投獄、さらには処刑までを含む）弾圧に訴えるようになります。この事実は〈公共の論理〉による影響力が相当大きいことの間接的な証明でしょう。こういった影響力は双方向にかかわりあう方法や手段による効果にも見られます。たとえば、人権活動家がよく用いる、社会的な承認、情報による監視、社会運動といった方法などです。

価値観を受け入れることがおたがいを結びつけるのか、という点については、よく理解する必要があります。そのためには、それぞれの社会で主流を占める集団の、すでに知られた道徳観に安易に頼ることなく、さらに先へ進まなければなりません。

人権活動家は、現実的な関心事がいろいろあるにしても、〈人権〉の考え方にたいして多くの法理論家や政治理論家がいだいている疑念に、当然、関心を払うべきでしょう。疑問には対処しなければならず、また対処しうるものだと思います。しかし、次のように指摘しておくことも大切です。

〈人権〉の概念を理解するためには、逆に活動家を動かしている理由や、立法化のほかに彼らが実践している承認、監視、社会運動といった実践活動の範囲と効力を考慮することも大事であり、そこから大いに得るものがあるはずです。

概念を明確にすることが、実践において重要であるだけでなく、これまで述べてきましたように、実践面の豊かさもまた、〈人権〉の概念とその範囲を理解するうえできわめて意義あることなのです。

最後にこう締めくくらせてください。理論と実践とのあいだの貿易収支に、さほど大きな赤字はありません、と。(41)

持続可能な発展――未来世代のために

環境問題の優先事項

私たちの環境がたやすく破壊されているのはいまでは周知の事実です。

人類は日常的に、オゾン層を傷つけ地球の温度を上げ、大気と河川を汚染し森林を荒廃させ、鉱物資源を枯渇させ多くの種を絶滅に追いやっています。私たちは、そのほかにもさまざまな破壊行為を繰り返してきました。「持続可能であること〔他を損なわずに現状を維持して継続できること〕」が現代社会で重要とされるのは、こうしたことがわかっているからです。

世界が協調して行動を起こす必要性については、一九八七年に力強くアピールされました。それは、グロ・ブルントラント〔ノルウェー初の女性首相〕の率いる、環境と開発に関する世界委員会〔国連環境計画の特別委員会〕が作成した、「われら共通の未来」という先駆的な宣言のなかででした。ブルントラント報告書は持続可能な発展を、こう定義づけています。

「未来世代の要求《ニーズ》に応える能力を損なうことなく現在世代の要求を満たす」ことだ、と。

環境問題に関する文献の多くで、「持続可能な発展」は基本テーマとなりました。また、有害な排出ガスをはじめとする地球の汚染要因を減らすなどの協調行動に向けた、重要な協定が結ばれるきっかけにもなりました。一九八七年には、オゾン層を破壊する物質に関するモントリオール議定書が調印されました。いまでは一八六ヵ国が批准しているこの条約の調印は、レスター・ブラウン〔アメリカの環境論者〕が述べたように、「国連にとって至福のひととき」だったとも考えられます(1)。

持続可能な発展という考え方により、国際会議もいくつか発足しました。一九九二年にリオデジャネイロで開かれた地球サミットや、その一〇年後のヨハネスブルクにおける、持続可能な発展に関する世界首脳会議などです。これらの国際会議はそれぞれ違うテーマを掲げていましたが、そこには共通の問題もありました。

こうした考え方が脚光を浴びはじめたことは喜ばしいと思います。けれど、そこに含まれる「人間という概念」に充分な意味をもたせていたかどうかについては、考えてみる必要があります。人間には確かに「要求《ニーズ》」があります。そして、価値観ももっています。なかでも、論理的に考え評価し、行動し参加する能力を大切にしています。人をただ要求面だけからとらえるのは、人間性をいささか軽視することになるかもしれません。

古くさい言い方をすれば、私たちは単に、要求に目を向けてもらおうとしている「受益者《ペイシャント》」というだけではなく、「行為者《エージェント》」でもあるのです。何を重んじ、それをどう追求するかを決める私たちの自由は、要求を満たすこと以上にずっと大きな意味をもちうるのです。となれば、こう問いかけることもできるでしょう。環境問題の優先事項は、私たちの自由を持続させる観点からも検討されるべきじゃないのか、と。

「未来世代」が現在と同等あるいはそれ以上の自由を手にできる「能力を損なうことなく」、現在世代の人びとの実質的な自由を守り、可能であればそれを拡充することに、私たちは関心をいだくべきではないでしょうか？　「自由な状態としての発展」をめざす一般的なアプローチの一環として、「持続可能な自由」に注目することは、概念として重要であるだけでなく、現実問題としても具体的に意味のあるものになるでしょう。

「環境市民」がはたす役割

これまでの環境政策に関する議論は、各国内および国際間のしかるべき制度をつくりだすことに重点がおかれてきました。その理由は明らかです。二〇〇三年に、ミレニアム生態系評価〔国連が呼びかけた診断プロジェクト〕の国際チームが、説得力のある報告書『生態系と人類の幸福』のなかで指摘しています。

「生態系から得られる便益の利用を持続可能にするには有効な制度が必要」であり、「自由、正義、公平、基本的な潜在能力および公正の概念」によって、生態系への「アクセスとその利用について決定するメカニズム」が求められるからです。しかし、こうした傾向とともに、持続可能な発展を実現させるために市民がはたす役割を検討することにも、関心は高まってきています。市民のより強い責任感は、強制力のある規制によって経済的誘因を提供する制度と同じくらい、環境保護を進めるうえで必要とされるでしょう。

アンドリュー・ドブソン〔イギリスの環境政治学者〕は著書『市民と環境』のなかで、市民がになうべき役割を論じて、環境問題を優先させる「環境市民」という考え方についても述べています。[2] 市民としてまとまっていたものを、役割によって区分することが最善の策かどうかについては、ここでは問いません。しかし、環境問題に取り組むうえで、ドブソンが市民の責任範囲について強調したのは正しいと思います。ドブソンは、とりわけ、単に経済的誘因に（「利己主義の合理性を追求する人」として）つられるのではなく、社会的な協調関係をよく考えて行動した場合に、市民に何ができるかを研究しています。「そこから、一つまた一つと、持続性への道しるべができてくる。環境意識をもった市民ということを、重要な要素として新たに加えるべきだ」と、彼は述べています。

この環境への責任感は、理論と実践の両方にかかわる新たなトレンドの一部になっています。たとえば、二〇〇〇年の終わりに、イギリス政府が環境問題を公の場の議論にもち込む努力をしなかったために、政府の政策にたいする非難が起きています。政府は、デモや抗議運動に屈してガソリン税の値上げ案を撤回しました。バリー・ホールデン〔イギリスの政治評論家〕が

『民主主義と地球温暖化』のなかで述べているように、「これは、環境問題であれば、かならず勝利するということではなく、声をあげていれば勝ったかもしれないということを暗に示している(3)」のです。市民を環境政策に参加させようとする積極的な動きが少ない（もしくは皆無である）こと、また社会的な責任感に訴える効果について、公共機関が明らかに懐疑的であることに失望感が広まっています。

そういったもどかしさは、よくわかります。しかし、私たちは、市民の活動の場を広げる機会を探ると同時に、適切な責任にもとづく市民的行動ということも考えた場合、持続性の概念をどう拡大すればよいのか、問わなければなりません。市民的行動は（環境保護の問題にかぎらず）単なる手段なのか、それ以上のものなのか、とりわけ持続をはからなければいけないのは、「有効な市民的行動」ということではないのか、といった検討の必要があるのです。

著名な経済学者ロバート・ソローは、一〇年ほど前に、『持続性に向けた実際的とも言えるステップ』という研究論文のなかで、ブルントラントの持続性の概念をさらに洗練させせみごとに敷衍《ふえん》しています。ソローは持続性について、次世代に託す必要条件と考えています。「少なくとも私たちと同程度の生活水準を彼らが達成できるように、さらにその次の世代の面倒も見られるようにするため必要なことはすべて」残すべきである、と。

彼が述べたなかには、魅力的な特徴がいくつもあります。

第一に、ソローは（環境保護への動機づけとみなされていた）生活水準の維持に目を向けさせることによって、要求の充足に集中していたブルントラントの考えを、より現実的なものにしました。

第二に、巧みに繰り返されたソローの言葉によって、それぞれの世代が次の世代のために用意するものを通して、未来のあらゆる世代の利益が注目されることになりました。

しかし、ソローは充分に広い観点から人間を見ているでしょうか？　生活水準の維持に重点をおくソローの主張には、明らかな利点があります。未来の世代が「少なくとも私たちと同程度の生活水準を達成」できるように配慮するという考えは、心に深くアピールします。とはいえ、生活水準の概念のなかに、必要なものが網羅されているかどうかについては検討する必要があります。生活水準の維持と、人びとが大切にするものを手に入れ、それを守る自由を持続させることとは同じではないのです。私たちがなんらかの機会を重視するのは、かならずしもそれが生活水準を向上させるからではありません。

例として、人間以外の種の未来にたいして、私たちがいだく責任感について考えてみてください。それは他の生物の存在が、単に私たちの生活水準を向上させるからではありません。あるいは、向上させる場合にかぎってということでもありません。たとえば、ニシアメリカフクロウのような絶滅危惧種を保護するために、できるかぎり手をつくすべきだと考える人がいます。その人がこう言ったとしても、矛盾してはいないでしょう。

「私たちの生活水準は、ニシアメリカフクロウがいてもいなくても、ほとんど――あるいは、まったく――影響されません。けれども、彼らを絶滅させるべきでないと、私は固く信じています。その理由は、人間の生活水準とは特に関係ありません」

ゴータマ・ブッダ（釈迦）も『スッタニパータ』[4]〔仏教の聖典〕で同様の指摘をしています。人間は他の生物よりもはるかに能力があるので、この力の不均衡によるなんらかの責任を彼らにたいして負っている、というものです。ブッダはさらに、子にたいする母親の責任をたとえに引いてこの点を強調しています。それは母が子に生を授けたからではなく（今回の議論でこの点は引き合いにだされてはいませんが）、母親なら誰でも自分の子供の人生に、よい意味でも悪い意味でも影響を与えることができ、子供本人にはそれができないからだ、と説きました。

この考え方からすれば、子供の面倒を見なければならない理由は、生活水準とは関係がなく（ほぼ間違いなくそれからも影響を受けますが）、むしろ、私たちの能力に応じた責任が関係しているのです。環境保護活動についてはさまざまな理由があります。しかし、そのすべてが生活水準に関連しているわけではありません。なかにはまさに、私たちの価値観と受託者責任〔他人の信頼を得て行動する者の責任〕にかかわる理由もあるのです。

何かが持続できなくなっている

それでは、市民は環境政策のなかでどんな役割をはたせばよいのでしょうか？

第一に、その役割には、考え、評価し、行動する能力が含まれなければなりません。そのために私たちは、人間を単なる受益者ではなく、行為者として考える必要があります。これは、環境問題の重要な議論でも言えることです。たとえば、イギリスの王立協会〔科学アカデミー〕が二〇〇〇年に発行した有名な報告書『持続可能な消費に向けて』を例に考えてみましょう。この報告書は、現代の消費傾向は持続不可能であることを示し、富裕国がまず抑制と削減を試みる必要があるとしています。

アーロン・クルーグ〔ノーベル化学賞受賞者〕はその序文で、「先進諸国のほとんどでライフスタイルの大幅な変更」が早急に必要であり、それは「私たちの誰にとっても容易ではない」と述べています。これは確かに困難な取り組みです。しかし、人間がほんとうに理性のある行為者であって（単に援助を必要とする受益者でないならば）、公の場で議論し環境に優しい優先事項を持続させること、また、環境危機についての理解を広げることが可能でしょう。ここでもまた、人間には自ら考え判断する能力があることに気づかざるをえません。それこそ、私たちが大切にしている能力であり、また未来のために残しておきたい自由なのです。

第二に、私たちが当然、重視すべき機会の一つに、参加の自由があります。参加型の討議が妨害または規制されるようになれば、価値のあるものが失われるでしょう。たとえば、近年アメリカでは、環境関連の規制や要件が撤廃されはじめています。しかも、ほとんど公の場における議論を経ないままに、そうした事態が起きているのです。これは未来を脅かすだけでなく、アメリカ国民から参加の機会を奪うことで、彼らを傷つけるものでもあります。

京都で合意された環境条約（いわゆる京都議定書）を、二〇〇一年の初めにブッシュ大統領が突如として放棄したとき、CNNと「タイム」誌が実施した世論調査では、アメリカの世論の大多数は、大統領とかなり異なる意見であることが示されていました。それでも、アメリカ政府が特に真剣な努力をし、政策立案のうえで世論を考慮したり、国民を議論に参加させるようなことにはなりませんでした。

アメリカではここ数年間に、公の場における議論の領域が広がるどころか、逆にいちじるしい後退が見られました。別の例をあげますと、チェイニー副大統領が率いて産業ガイドラインを検討する、秘密主義で有名な「エネルギー対策委員会」は、広報活動にはこれまでほとんど関心を示していません。そればかりかチェイニーは、委員会メンバーの公表すら渋ってきたのです。

国民を遠ざけ、秘密裏にことを運ぶこれらの行為はいずれも、一般大衆の参加を見いだす方向から、どれほど大きく後退したかを物語っています。当然ながら、こうしたことすべてが未来に深刻な影響をおよぼすだろう、と懸念されています。しかし、それだけでなく、情報にもとづいた自発的な参加の機会を阻害すること自体が、自由をいちじるしく損なうこと、また、こうした事態がすでに進行中であることにも、私たちは気づかなければなりません。何かが持続できなくなっているのです。いまこの瞬間にも。

第三に、環境保護が人びとの私生活を侵害するかたちで推進された場合には、それによって失われた自由は、直接的な損害とみなさなければならないでしょう。たとえば、強制的な家族計画による生殖に関する自由の制限が、（中国の一人っ子政策のように）生活水準の維持に役立ったとしても、そうした政策を通じて重要な何かが持続されるどころか、むしろ犠牲になることにも気づく必要があります。

じつは、これまでの経験では、強制的な措置が出生率の抑制に貢献する度合いについて、疑わなければならない根拠があるのです。中国がなしとげた成果ですら、予測できていた方向のものでした。他の社会的要因（女性の教育が拡大し収入のある仕事ができるようになったことなど）の影響を受けて、出産の頻度は自然に減る傾向にあるからです。実際、同じように社会的進歩をとげた他の社会（たとえば、インドのケララ州）では、強制的な措置をとらなくても、出生率が中国と同じ程度、もしくはそれ以上に低下しているのです。

いずれにしても、国民を意思決定に参加させない方法で出生率を大きく減らすことができると証明されたとしても、強制すること自体が自由を損なっているわけですから、その分は差し引いて考える必要があるでしょう。

第四に、個々の自由の重要性にきちんと目を向けるには、全般的な生活水準にのみ注目する従来の考え方は大ざっぱにすぎます。生活水準が低下していなくても、自由は（それとともに人権も）損なわれうるのです。倫理面から見たこうした違いは、社会的選択と広くかかわる問題であり、簡単な例を引けばその要点が示せるでしょう。

人には、無神経な愛煙家から顔に煙を吹きかけられない道徳的な権利がある、と認められていても、そうした被害を受けた人がたまたま大金持ちで、高い生活水準を享受していれば、社会倫理面ではその権利が踏みにじられたことにはならないのです。

環境問題に置き換えて考えてみましょう。環境が悪化して、未来の世代が（特に悪質な排気ガスのせいで）、新鮮な空気を呼吸する機会を奪われるとします。未来の世代はそれでも、他の面できわめて快適な環境にいるので、彼らの生活水準全般は充分に持続されていることになります。ブルントラントーソロー方式で持続可能な発展をめざせば、そうした排気ガスへの不満に目をつぶることになるかもしれません。未来の世代も、少なくとも現在と同じくらいの生活水準をたもつことができるからです。しかし、このような考え方は、それより以前の世代と同じように、未来の世代も新鮮な空気を呼吸する自由が得られるようにする排出規制政策の必要性を見落としています。

市民的行動と社会参加の意義は、ただ役に立つというだけではありません。どちらも、私たちが当然、守りつづけなければならないものの、欠くことのできない一部なのです。私たちはブルントラント、ソローをはじめとする人びとによって、いみじくも擁護されてきた基本概念を、より広い目で見た人間観と結びつけなければなりません。

それは、人間をありきたりの受益者とだけ見るのではなく、自由を重視する行為者としてとらえる見方なのです。(5)

(39) Adam Smith, The Theory of Moral Sentiments.
(40) いわゆる「テロとの戦い」においてアメリカによって拘束された囚人の扱いは重要な人権問題となっている．広く行きわたった慣習を分析するには，より広範な公共の議論と，この問題にたいする世界の関心の本質を充分に理解することが有益だろう．
(41) 本稿はもともと，2002年11月14日英国のオックスフォードでおこなったギルバート・マレー講演（「なぜ人権をつくりだすのか？」）用に書かれたものである．有益な助言を与えてくれた「フィロソフィー・アンド・パブリック・アフェアーズ」の論文編集委員会には特に感謝する．

持続可能な発展——未来世代のために
(1) Lester Brown, Eco-economy: Building an Economy for the Earth (Earthscan Publications, 2003).『エコ・エコノミー』(レスター・ブラウン，家の光協会).
(2) Andrew Dobson, Citizenship and the Environment (Oxford University Press, 2003).
(3) Barry Holden, Democracy and Global Warming: Political Theory and Contemporary Politics (Continuum International Publishing Group, 2002).
(4) Sutta Nipata.『ブッダのことば——スッタニパータ』(中村元・訳，岩波文庫).
(5) 本稿は「ロンドン・レヴュー・オブ・ブックス」誌2004年2月5日号に掲載された．

American Political Science Review 95 (2001) を参照.
(25) 家庭内の意思決定に女性が参加する重要性と、その社会的な範囲についてはDevelopment as Freedom で論じた.
(26) Mary Wollstonecraft, A Vindication of the Rights of Woman を参照.
(27) Cass Sunstein, After the Rights Revolution: Receiving the Regulatory State (1990).
(28) Onora O'Neill, Towards Justice and Virtue (1996). オニールの Bounds of Justice (Cambridge University Press, 2000) も参照.
(29) Maurice Cranston, "Are There Any Human Rights?"
(30) John Rawls, A Theory of Justice (Harvard University Press, 1971).『正義論』(ジョン・ロールズ, 紀伊国屋書店). Political Liberalism (Columbia University Press, 1993).
(31) John Rawls, The Law of Peoples (Harvard University Press, 1999). Political Liberalism (1993) を参照.
(32) Adam Smith, The Theory of Moral Sentiments (1759; Clarendon Press, 1976 再刊).『道徳感情論』(アダム・スミス, 岩波文庫). 道徳的理論に関するスミスの考え方については, 私の論文 "Open and Closed Impartiality," The Journal of Philosophy, 99 (September 2002) で言及した.
(33) Steven Lukes, "Five Fables about Human Rights" (1993) に引用されている.
(34) Rosa Luxemburg, "The National Question and Autonomy" (1909).
(35) Charles Beitz, "Human Rights as a Common Concern."
(36) Adam Smith, The Theory of Moral Sentiments.
(37) この問題については"Open and Closed Impartiality," Journal of Philosophy, 99 (September 2002) で論じた.
(38) Adam Smith, Lectures on Jurisprudence (Clarendon Press, 1978; Liberty Press, 1982).

（アマルティア・セン，岩波書店）. Development as Freedom (Knopf, 1999).『自由と経済開発』（アマルティア・セン，日本経済新聞社）を参照.

（16）A.Sen, Rationality and Freedom (Harvard University Press, 2002) の特に Arrow Lectures（"Freedom and Social Choice"）を参照.

（17）Susan Okin, "Poverty, Well-being and Gender: What Counts, Who's Heard?" Philosophy and Public Affairs, 31 (2003). 関連問題についてはJoshua Cohen, "Review of Sen's Inequality Reexamined," Journal of Philosphy, 92（1994). G. A. Cohen, "Review: Amartya Sen's Unequal World," The New Left Review (January 1995）を参照.

（18）この問題については"Well-being, Agency and Freedom: The Dewey Lectures 1984" で論じた.

（19）Karl Marx, The German Ideology, with F. Engels, in D. McLellan, ed., Karl Marx: Seleted Writings (Oxford University Press, 1977).『ドイツ・イデオロギー』（カール・マルクス，フリードリヒ・エンゲルス，新日本出版社).

（20）この問題についてはRationality and Freedom で述べた.

（21）この問題の重要性は Thomas Scanlon, What We Owe to Each Other (Harvard University Press, 1998）で力説されている.

（22）合理的な評価の枠組みでは避けられないあいまいさをどれだけ許容するかに関しては "Internal Consistency of Choice," Econometrica, 61（1993), "Maximization and the Act of Choice,"Econometrica, 65（1997）で論じた.

（23）Andrew Ashworth and Eva Steiner, "Criminal Omissions and Public Duties: The French Experience," Legal Studies, 10 (1990). Glanville Williams, "Criminal Omissions: The Conventional View," Law Quarterly Review, 107（1991）を参照.

（24）Charles Beitz, "Human Rights as Common Concern,"

on 'Interpersonal Aggregation and Partial Comparability'," Econometrica, 43 (1975). Jon Elster and John Roemer, eds., Interpersonal Comparisons of Well-being (Cambridge University Press, 1991) で論じた.
(9) Jeremy Bentham, Anarchical Fallacies.
(10) Ronald Dworkin, A Matter of Principle (Harvard University Press, 1985) を参照.
(11) Amartya Sen, "The Impossibility of a Paretian Liberal," Journal of Political Economy, 78 (1970). Rationality and Freedom (Harvard University Press, 2002). Robert Nozick, Anarchy, State and Utopia (Basic Books, 1974) を参照. Analyse & Kritik, 18 (1996) の「リベラル・パラドックス」に関する特別号で特に Kotaro Suzumura, "Welfare, Rights, and Social Choice Procedures." 鈴村興太郎「厚生・権利・社会的選択」(『経済研究』1996年1月号) を参照.
(12) Thomas Paine, The Rights of Man: Being an Answer to Mr. Burke's Attack on the French Revolution (1791). second part, Combining Principle and Practice (1792): The Rights of Man (再刊 Dent, Dutton, 1906). Mary Wollstonecraft, A Vindication of the Rights of Women (1792): The Rights of Woman (再刊 Dent, Dutton, 1929).『女性の権利の擁護』(メアリ・ウルストンクラフト, 清水書院ほか)
(13) H.L.A.Hart, "Are There Any Natural Rights?" The Philosophical Review, 64 (April 1955). Theories of Rights (Oxford University Press, 1984)に所収.
(14) Maurice Cranston, "Are There Any Human Rights?" を参照.
(15) この関連では "Well-being, Agency and Freedom: The Dewey Lectures 1984," Journal of Philosophy, 82 (April 1985). Inequality Reexamined (Harvard University Press, and Oxford: Clarendon Press, 1992).『不平等の再検討：潜在能力と自由』

von Präferenzen," Allgemeine Zeitschrift für Philosophie, 21 も参照.

(6) Jeremy Bentham, An Introduction to the Principles of Morals and Legislation (Payne, 1789; Clarendon Press で再刊). 『道徳の原理：法と功利主義的道徳に就いて』(ベンサム，銀座出版社). Henry Sidgwick, The Method of Ethics (Macmillan, 1874). A.C.Pigou, The Economics of Welfare (MacMillan, 1920). Frank P. Ramsey, Foundations: Essays in Philosophy, Logic, Mathematics and Economics (Routledge). Richard M. Hare, Freedom and Reason (Clarendon Press, 1963). J.C.B. Gosling, Pleasure and Desire (Clarendon Press, 1969). Derek Parfit, Reasons and Persons (Clarendon Press, 1984). 『理由と人格：非人格性の倫理へ』(デレク・パーフィット，勁草書房). R.E. Goodin, "Laundering Preferences," in J. Elster and A. Hylland, eds., The Foundations of Social Choice Theory (Cambridge University Press, 1986). James Griffin, Well-being (Clarendon Press, 1986). John Broome, Weighing Goods (Blackwell, 1991) を参照.

(7) Aristotle, The Nicomachean Ethics, D. Ross 英訳 (Clarendon Press, 1980). 『ニコマコス倫理学』(アリストテレス，岩波文庫). John Stuart Mill, Utilitarianism (London, 1861; 再刊：Collins/Fontana, 1962). 『ミル功利説』(ジョン・スチュアート・ミル，培風館) を参照. また，これに関する問題は "Plural Utility," Proceedings of the Aristotelian Society, 81 (1980-81) で論じた.

(8) これらの問題は Amartya Sen, "Interpersonal Aggregation and Partial Comparability," Econometrica, 38 (1970). Choice, Welfalre and Measurement (Blackwell, 1982). 『合理的な愚か者：経済学＝倫理学的探求』(アマルティア・セン，勁草書房). Charles Blackorby, "Degrees of Cardinality and Aggregate Partial Orderings," Econometrica, 43 (1975). Ben J. Fine, "A Note

volution (1792). J. Bowling, ed., The Works of Jeremy Bentham, vol. II(William Tait, 1843) にも所収.
(2) Ivan Hare, "Social Rights as Foundational Human Rights," in Bob Hepple, ed., Social and Labour Rights in Global Context (Cambridge University Press, 2002). William F. Felice, The Global New Deal: Economic and Social Human Rights in World Politics (Rowman & Littlefield, 2003). Cass R. Sunstein, After the Rights Revolution: Reconceiving the Regulatory State (Harvard University Press, 1990). Thomas W. Pogge, World Poverty and Human Rights: Cosmopolitan Responsibilities and Reforms (Polity Press, 2002) を参照.
(3) こうした否定の背景にある理由は Maurice Cranston, Are There Any Human Rights? (Daedalus, Fall 1983). Onora O'Neill, Towards Justice and Virtue (Cambridge University Press, 1996) で取りあげられている. Michael Ignatieff, Human Rights as Politics and Idolatry (Princeton Univeristy Press, 2001) も参照.
(4) Immanuel Kant, Critique of Practical Reason (1788; L.W. Beck 英訳, Bobbs-Merrill, 1956).『実践理性批判』(イマヌエル・カント, 以文社).
(5) このことは個人間に根強く残る意見の相違だけでなく, 一人の人間が道理にもとづいた評価を下すうえで未解決の問題が残る特定の分野にも当てはまる. 適切な合理論にはそうした評価の「不完全さ」の余地が残されていなければならない. 不完全さの許容に関する一般的な問題は, Collective Choice and Social Welfare (Holden-Day, 1970).『集合的選択と社会的厚生』(アマルティア・セン, 勁草書房). Maximization and the Act of Choice, Econometrica, 65 (1997). "Incompleteness and Reasoned Choice," Synthese, 2004. で論じた. Isaac Levi, Hard Choice: Decision Making under Unresolved Conflict (Cambridge University Press, 1986). Hilary Putnam, "Über die Rationalität

ャード編，みすず書房）
（６）Kwame Anthony Appiah, In My Father's House: Africa in the Philosophy of Culture (Oxford University Press, 1993).
（７）Benjamin I. Schwartz, The World of Thought in Ancient China (Scholarly Publishing Office, University of Michigan Library, 2002).
（８）Maria Rosa Menocal, The Ornament of the World (Back Bay Books, 2003).『寛容の文化』（マリア・ロサ・メノカル，名古屋大学出版会）.
（９）本稿は「ニュー・リパブリック」誌2003年10月６日号に掲載された.

インドと核爆弾

（１）Arundahti Roy, The God of Small Things (Flamingo, 1998).『小さきものたちの神』（アルンダティ・ロイ, DHC）.
（２）Theodore C. Sorensen, Kennedy (William S. Konecky Assoc., 1999).『ケネディの道』（シオドア・ソレンセン，サイマル出版会）.
（３）Human Development Report 1994 (Oxford University Press, 1994).
（４）本稿は「第50回科学と国際問題に関するパグウォッシュ会議」〔核兵器廃絶をめざした『ラッセル＝アインシュタイン宣言』のあとを受けた科学者を中心とする国際会議．最初にカナダの寒村パグウォッシュで開催されたことに由来する名称〕でおこなわれたドロシー・ホジキン記念講演をもとにまとめたもので，「ニュー・リパブリック」誌2000年９月25日号と「フロントライン」誌（インド）2000年９月29日号に掲載された.

人権を定義づける理論

（１）Jeremy Bentham, Anarchical Fallacies; Being an Examination of the Declaration of Rights Issued during the French Re-

た，人間の安全保障委員会，UNICEF，プラティチ（インド）財団，ハーバード大学共同主催の「基礎教育と人間の安全保障」研究会の背景文書として用意した．

人間の安全保障、人間的発展、人権

（1）本稿は『人間の安全保障委員会最終報告』（2003年5月）の囲み記事として用意された．

グローバル化をどう考えるか

（1）Abu Abdullah Muhammad bin Musa al-Khwarizmi, Al Jabr wa-al-Muqabilah.

（2）Amartya Sen, Development as Freedom（Knopf, 1999）.『自由と経済開発』（アマルティア・セン，日本経済新聞社）.

（3）本稿は「アメリカン・プロスペクト」誌2002年1月1日-14日号に掲載された．

民主化が西洋化と同じではない理由

（1）Samuel P. Huntington, The Third Wave（University of Oklahoma Press, 1991）.『第三の波――20世紀後半の民主化』（サミュエル・ハンチントン，三嶺書房）.

（2）John Rawls, Political Liberalism（Columbia University Press, 2005）.

（3）Alexis de Tocqueville, Democracy in America（Volume I, 1835 and Volume II, 1840）.『アメリカの民主政治』（アレクシス・ド・トクヴィル，講談社）.

（4）Nelson Mandela, Long Walk to Freedom（Little Brown, 1994）.『自由への長い道：ネルソン・マンデラ自伝』（ネルソン・マンデラ，日本放送出版協会）.

（5）Meyer Fortes and Edward E. Evans-Pritchard, African Political Systems（Trubner & Co., Reissue edition, 2005）.『アフリカの伝統的政治体系』（フォーテス，エヴァンス＝プリーチ

2000).『UNDP 人間開発報告書〈2000〉人権と人間開発』(国際協力出版会,古今書院).私の論文 “Consequential Evaluation and Practical Reason,” Journal of Philosophy, 97 (2000) を参照.

(5) リンカン・チェンとヘレン・エプスタインが「ニューヨーク・レヴュー・オブ・ブックス」に発表する論文とスディール・アナンドのこの問題に関する論文を参考にした.

(6) Jean Drèze and Amartya Sen, India: Economic Development and Social Opportunity (Oxford University Press, 1995), およびその続篇 India: Development and Participation (Oxford University Press) を参照.

(7) Salma Sobhan, Legal Status of Women in Bangladesh (Bangladesh Institute of Legal and International Affairs, 1978) を参照.

(8) Martha Alter Chen, Perpetual Mourning: Widowhood in Rural India (Oxford University Press, and University of Pennsylvania Press, 1999). Chen ed., Widows in India (Sage, 1998) を参照.

(9) Mamta Murthi, Anne-Catherine Guio, and Jean Drèze, “Mortality, Fertility, and Gender Bias in India,” Population and Development Review, 21 (December 1995) を参照. 補足論文として, Murthi and Drèze, Population and Development Review, 2000.

(10) Murthi, Guio and Drèze (1995) and Murthi and Drèze (2000) を参照.

(11) Samuel P. Huntington, The Clash of Civilizations and the Remaking of World Order (Simon and Schuster, 1996).『文明の衝突』(サミュエル・ハンチントン, 集英社).

(12) Iqtidar Alam Khan, “Akbar's Personality Traits and World Outlook: A Critical Reappraisal,” in Irfan Habib, ed., Akbar and His India (Oxford University Press, 1997).

(13) 本稿は2002年 1 月 2 日－4 日にインドのコルカタで開催され

参考文献など

安全が脅かされる時代に

（１）H.G.Wells, Outline of History: Being a Plain History of Life and Mankind (Reprint Service Corp, 1920).『世界文化史大系』（H．G．ウェルズ，世界文化史刊行会ほか）
（２）Adam Smith, An Inquiry into the Nature and Causes of the Wealth of Nations (Modern Library, 1994).『国富論』（アダム・スミス，中公文庫ほか）.
（３）太政官布告第214号「学事奨励に関する被仰出書」.
（４）William Shakespeare, Twelfth Night.『十二夜』（シェイクスピア，岩波文庫ほか）.
（５）本稿は英国のエディンバラで開催された英連邦教育会議でのスピーチのために用意し，2003年10月28日付「ガーディアン」紙に掲載された.

人間の安全保障と基礎教育

（１）Else Oyen, "The Contradictory Concepts of Social Exclusion and Social Inclusion," in Social Exclusion and Anti–Poverty Policy (International Institute of Labour Studies, 1997).
（２）『アジアの危機・ヒューマン・セキュリティーへの脅威と対応：「アジアの明日を創る知的対話」東京会議1998』（小渕恵三［開会挨拶］，国際交流センター，東南アジア研究所）.
（３）国連開発計画（UNDP）の Human Development Report 1990 (Oxford University Press, 1990) を参照．関連文献として Commodities and Capabilities (North–Holland, 1985).『福祉の経済学：財と潜在能力』（アマルティア・セン，岩波書店）. Sudhir Anand and Amartya Sen, "Concepts of Human Development and Poverty: A Multidimensional Perspective," Human Development Papers 1997 (UNDP, 1997) も参照.
（４）Human Development Report 2000 (Oxford University Press,

Holden presentation: The impasse in nuclear disarmament, August 5, 2000
The New Republic, September 25, 2000. *Frontline* (India), September 29, 2000

人権を定義づける理論
ELEMENTS OF A THEORY OF HUMAN RIGHTS
forthcoming *Philosophy and Public Affairs*, April 2004

持続可能な発展——未来世代のために
WHY WE SHOULD PRESERVE THE SPOTTED OWL
London Review of Books, Number 3, February 5, 2004

初出一覧

安全が脅かされる時代に
THE IMPORTANCE OF BASIC EDUCATION
Speech to the Commonwealth education conference
Guardian, October 28, 2003

人間の安全保障と基礎教育
BASIC EDUCATION AND HUMAN SECURITY
A background paper for the workshop on "Basic Education and Human Security," jointly organized by Commission on Human Security, UNICEF, the Pratichi (India) Trust, and Harvard University, in Kolkata, January 2–4, 2002

人間の安全保障、人間的発展、人権
DEVELOPMENT, RIGHTS AND HUMAN SECURITY
Commission on Human Security/Final Report
Chapter 1 Box 1.3, May 1, 2003

グローバル化をどう考えるか
HOW TO JUDGE GLOBALISM
The American Prospect, January 1–14, 2002

民主化が西洋化と同じではない理由
DEMOCRACY AND ITS GLOBAL ROOTS:
Why Democratization Is Not the Same as Westernization
The New Republic, October 6, 2003

インドと核爆弾
INDIA AND THE BOMB
50th Pugwash Conference on Science and World Affairs

編集協力　綜合社

アマルティア・セン

一九三三年、インド・ベンガル地方生まれ。五三年カルカッタ大学経済学部卒業。五九年ケンブリッジ大学で経済学博士号取得。ケンブリッジ大学、ロンドン大学経済学スクール、オックスフォード大学、ハーバード大学で教授を歴任。九八年度ノーベル経済学賞受賞。九八〜二〇〇三年、ケンブリッジ大学トリニティ・カレッジ学長を経て、〇四年、ハーバード大学に復帰。

東郷えりか（とうごう　えりか）

上智大学外国語学部卒業。翻訳グループ牧人舎に参加。訳書に、ボース『アレクサンドロス大王』、フェイガン『古代文明と気候大変動』など。

人間《にんげん》の安全保障《あんぜんほしょう》

集英社新書〇三二八A

二〇〇六年一月二二日　第一刷発行
二〇二四年一一月六日　第一一刷発行

著者……アマルティア・セン　訳者……東郷《とうごう》えりか
発行者……樋口尚也
発行所……株式会社集英社
東京都千代田区一ツ橋二-五-一〇　郵便番号一〇一-八〇五〇
電話　〇三-三二三〇-六三九一（編集部）
　　　〇三-三二三〇-六〇八〇（読者係）
　　　〇三-三二三〇-六三九三（販売部）書店専用

装幀……原　研哉
印刷所……TOPPAN株式会社
製本所……加藤製本株式会社

定価はカバーに表示してあります。

ISBN 978-4-08-720328-8 C0231
Printed in Japan